"十四五"职业教育国家规划教材

"十三五"职业教育国家规划教材
高等职业教育理实一体化系列教材

集装箱港口运营管理
（基于ITP一体化教学管理平台）

主　编　靳荣利

副主编　吴　颖　陈艳玲

参　编　豆佳梅　郭美娜　史久旭　宋文彻

主　审　马　翔

机械工业出版社

本书是在"产教融合，协同育人"的背景下，由上海百蝶教育科技有限公司联合国内多名在高等职业院校任教并具有丰富一线教学经验的教师共同开发的、基于ITP一体化教学管理平台的高等职业教育理实一体化教材。

本书共设计了三个教学项目、九个子项目和十八个教学任务，主要内容包括：集装箱港口调研方案设计与实施、集装箱港口卸船作业方案设计与实施、集装箱港口重箱出场作业方案设计与实施、集装箱港口重箱进场作业方案设计与实施、集装箱港口装船作业方案设计与实施、集装箱港口进口全程作业方案设计与实施、集装箱港口出口全程作业方案设计与实施、集装箱港口综合作业优化方案设计与实施。

本书作为集装箱港口运营虚拟仿真软件的配套教材，适合高等职业院校港口物流管理、港口与航运管理、集装箱运输管理专业及相关专业的学生使用。

本书配有丰富的教学资源，可通过机械工业出版社教育服务网（www.cmpedu.com）免费获得；同时配备微课视频资源，以二维码形式呈现于书中；通过超星学习通平台建立的网上课程更使本书如虎添翼，辅助教师教学、引领学生自学。

图书在版编目（CIP）数据

集装箱港口运营管理：基于ITP一体化教学管理平台/靳荣利主编．—北京：机械工业出版社，2019.9（2024.3重印）
高等职业教育理实一体化系列教材
ISBN 978-7-111-63930-5

Ⅰ．①集… Ⅱ．①靳… Ⅲ．①装箱码头—港口管理—高等职业教育—教材 Ⅳ．①U656.106

中国版本图书馆CIP数据核字（2019）第214582号

机械工业出版社（北京市百万庄大街22号 邮政编码100037）
策划编辑：宋 华 责任编辑：宋 华 邢小兵
责任校对：张晓蓉 封面设计：马精明
责任印制：单爱军
北京虎彩文化传播有限公司印刷
2024年3月第1版第5次印刷
184mm×260mm・14.25印张・361千字
标准书号：ISBN 978-7-111-63930-5
定价：48.00元

电话服务　　　　　　　　网络服务
客服电话：010-88361066　机 工 官 网：www.cmpbook.com
　　　　　010-88379833　机 工 官 博：weibo.com/cmp1952
　　　　　010-68326294　金 书 网：www.golden-book.com
封底无防伪标均为盗版　　机工教育服务网：www.cmpedu.com

关于"十四五"职业教育国家规划教材的出版说明

为贯彻落实《中共中央关于认真学习宣传贯彻党的二十大精神的决定》《习近平新时代中国特色社会主义思想进课程教材指南》《职业院校教材管理办法》等文件精神，机械工业出版社与教材编写团队一道，认真执行思政内容进教材、进课堂、进头脑要求，尊重教育规律，遵循学科特点，对教材内容进行了更新，着力落实以下要求：

1. 提升教材铸魂育人功能，培育、践行社会主义核心价值观，教育引导学生树立共产主义远大理想和中国特色社会主义共同理想，坚定"四个自信"，厚植爱国主义情怀，把爱国情、强国志、报国行自觉融入建设社会主义现代化强国、实现中华民族伟大复兴的奋斗之中。同时，弘扬中华优秀传统文化，深入开展宪法法治教育。

2. 注重科学思维方法训练和科学伦理教育，培养学生探索未知、追求真理、勇攀科学高峰的责任感和使命感；强化学生工程伦理教育，培养学生精益求精的大国工匠精神，激发学生科技报国的家国情怀和使命担当。加快构建中国特色哲学社会科学学科体系、学术体系、话语体系。帮助学生了解相关专业和行业领域的国家战略、法律法规和相关政策，引导学生深入社会实践、关注现实问题，培育学生经世济民、诚信服务、德法兼修的职业素养。

3. 教育引导学生深刻理解并自觉实践各行业的职业精神、职业规范，增强职业责任感，培养遵纪守法、爱岗敬业、无私奉献、诚实守信、公道办事、开拓创新的职业品格和行为习惯。

在此基础上，及时更新教材知识内容，体现产业发展的新技术、新工艺、新规范、新标准。加强教材数字化建设，丰富配套资源，形成可听、可视、可练、可互动的融媒体教材。

教材建设需要各方的共同努力，也欢迎相关教材使用院校的师生及时反馈意见和建议，我们将认真组织力量进行研究，在后续重印及再版时吸纳改进，不断推动高质量教材出版。

机械工业出版社

本书配套混合式教学包的获取与使用

超星学习通
www.chaoxing.com

本教材配套数字资源已作为示范教学包上线超星学习通，教师可通过学习通获取本书配套的演示文稿、微课视频、在线测验、题库、作业、试题等。

扫码下载学习通APP，手机注册，单击"我"→"新建课程"→"用示范教学包建课"，搜索并选择"集装箱码头业务操作"教学资源包，单击"建课"，即可进行线上线下混合式教学。

学生加入课程班级后，教师可以利用富媒体资源，配合本教材，进行线上线下混合式教学，贯穿课前课中课后的日常教学全流程。混合式教学资源包提供PPT课件、微课视频、课程章节、在线测验和拓展阅读。

PPT课件　　微课视频　　课程章节　　拓展资料　　在线测验　　扫码学课程

前　　言

党的二十大报告指出："加快发展物联网，建设高效顺畅的流通体系，降低物流成本。"随着经济与贸易的全球化，港口已经成为各种运输方式交汇、集散的中心和功能强大的综合性物流枢纽，国际贸易中 90% 以上的货物运输是通过港口实现的。港口作为多式联运的结合点，具有连接陆运、空运和水运等多种运输方式以及贯通国内、国际两个市场的作用，集中了供货方、货代、陆运方、船公司、船代、储运方等各种参与方的物流信息。集装箱港口作为物流的重要节点，其发展对于促进一个国家和地区的经济增长，提升社会综合配套能力和服务水平具有不可替代的作用。

本书就是为满足我国物流业对高素质技能型集装箱港口运营管理人才的需求，在"产教融合，协同育人"的背景下，由上海百蝶教育科技有限公司联合国内多名在高等职业院校任教并具有丰富一线教学经验的教师共同开发的、基于 ITP 一体化教学管理平台的高等职业教育理实一体化教材。

《教育部关于全面提高高等职业教育教学质量的若干意见》明确指出：课程建设与改革是提高教学质量的核心，也是教学改革的重点和难点；改革教学方法和手段，融"教、学、做"为一体，强化学生能力的培养。"集装箱港口运营管理"是高等职业院校港口物流管理、港口与航运管理、集装箱运输管理专业的核心课程，编写本书的目的就是为了满足高等职业院校上述专业课程教学改革需要，为专业课程教学改革提供一套完整的教学解决方案：即以学生职业能力培养为中心，以突破高等职业院校专业课程教学改革困境为出发点，以集装箱港口业务运营管理虚拟仿真软件为教学载体，以教学内容项目化为导向，以任务驱动为能力训练手段，以理实一体为教学模式，以工作结果为考核评价依据。

本书的主要特色包括：教学管理平台化、教学载体虚拟化、教学内容项目化、教学模式理实一体化、能力训练任务化、考核评价成果化，以模拟操作技能训练为切入点，逐步提升学生管理技能，实现高素质技能型港口物流人才培养目标。

本书共设计了三个教学项目、九个子项目和十八个教学任务，主要内容包括：集装箱港口调研方案设计与实施、集装箱港口卸船作业方案设计与实施、集装箱港口重箱出场作业方案设计与实施、集装箱港口重箱进场作业方案设计与实施、集装箱港口装船作业方案设计与实施、集装箱港口进口全程作业方案设计与实施、集装箱港口出口全程作业方案设计与实施、集装箱港口综合作业优化方案设计与实施。

本书作为基于 ITP 一体化教学管理平台的集装箱港口业务运营管理（ITOS 系统）虚拟仿真软件的配套教材，适合高等职业院校港口物流管理专业、港口与航运管理专业、集装箱运输管理专业及相关专业的学生使用。本书的配套教学管理平台及虚拟仿真软件可以向教材的合作企业（上海百蝶教育科技有限公司）购买或以学校名义申请试用。本书提供完整的配套课程教学资源，其中供学生学习使用的教学资源可在 ITP 平台中获取，供教师使用的教学资源可向机械工业出版社申请获取。

  本书由靳荣利担任主编，吴颖、陈艳玲担任副主编。具体编写分工为：吴颖负责项目一中子项目一、二、三的编写，陈艳玲负责项目一中子项目四、五的编写，豆佳梅和郭美娜负责项目二的编写，史久旭、宋文彻负责项目三的编写。靳荣利负责全书的策划和统稿。

  本书在编写过程中，参考了大量的书籍、文献、论文等，在此对这些前辈、同行、专家、作者表示深深的谢意。本书承蒙上海百蝶教育科技有限公司刘华荣总经理的大力支持，百蝶公司的豆佳梅女士针对全书的任务数据处理和测试做了大量工作，同时也承蒙宁波职业技术学院的马翔教授在百忙之中对本书进行了认真审阅，在此谨表示衷心的谢意，同时对参与和支持本书出版的所有同志表示感谢。

  由于编者水平有限，书中难免有差错遗漏之处，敬请读者批评指正。

编 者

二维码索引

名称	页码	名称	页码
微课 1-1　集装箱	3	微课 2-4　进口卸船作业方案实施	38
微课 1-2　集装箱港口	5	微课 3-1　设备交接单	63
微课 1-3　集装箱港口调研方案设计	14	微课 3-2　重箱出场作业方案设计	68
微课 1-4　集装箱港口调研方案实施	16	微课 3-3　重箱出场作业方案实施	69
微课 2-1　集装箱堆场	25	微课 4-1　出口箱堆场计划	84
微课 2-2　泊位计划	30	微课 4-2　重箱进场作业方案设计	87
微课 2-3　进口卸船作业方案设计	37	微课 4-3　重箱进场作业方案实施	88

(续)

名　　称	页　码	名　　称	页　码
微课 5-1　集装箱船图	101	微课 7-1　船公司在集装箱出口货运中的业务	147
微课 5-2　出口装船作业方案设计	105	微课 7-2　港口堆场在集装箱出口货运中的业务	149
微课 5-3　出口装船作业方案实施	106	微课 7-3　集装箱港口出口全程作业方案实施	156
微课 6-1　船公司在集装箱进口货运中的业务	131	微课 8-1　集装箱港口综合作业优化方案实施（个人）	171
微课 6-2　港口堆场在集装箱进口货运中的业务	132	微课 9-1　集装箱港口综合作业优化方案实施（小组）	176
微课 6-3　集装箱港口进口全程作业方案实施	137		

目　　录

前　言

二维码索引

项目一　集装箱港口单项作业方案设计与实施 *1*

 子项目一　集装箱港口调研方案设计与实施 *2*

  任务一　集装箱港口调研方案设计 *3*

  任务二　集装箱港口调研方案实施 *15*

 子项目二　集装箱港口卸船作业方案设计与实施 *24*

  任务一　集装箱港口卸船作业方案设计 *25*

  任务二　集装箱港口卸船作业方案实施 *37*

 子项目三　集装箱港口重箱出场作业方案设计与实施 *60*

  任务一　集装箱港口重箱出场作业方案设计 *60*

  任务二　集装箱港口重箱出场作业方案实施 *68*

 子项目四　集装箱港口重箱进场作业方案设计与实施 *83*

  任务一　集装箱港口重箱进场作业方案设计 *84*

  任务二　集装箱港口重箱进场作业方案实施 *88*

 子项目五　集装箱港口装船作业方案设计与实施 *100*

  任务一　集装箱港口装船作业方案设计 *100*

  任务二　集装箱港口装船作业方案实施 *106*

项目二　集装箱港口进出口作业方案设计与实施 *129*

 子项目六　集装箱港口进口全程作业方案设计与实施 *130*

  任务一　集装箱港口进口全程作业方案设计 *131*

  任务二　集装箱港口进口全程作业方案实施 *137*

 子项目七　集装箱港口出口全程作业方案设计与实施 *145*

  任务一　集装箱港口出口全程作业方案设计 *146*

  任务二　集装箱港口出口全程作业方案实施 *155*

项目三　集装箱港口综合作业优化方案设计与实施 *167*

 子项目八　集装箱港口综合作业优化方案设计与实施（单人作业） *168*

  任务一　集装箱港口单人综合作业优化方案设计 *169*

  任务二　集装箱港口单人综合作业优化方案实施 *171*

子项目九　集装箱港口综合作业优化方案设计与实施（小组作业） 173
　　任务一　集装箱港口小组综合作业优化方案设计 174
　　任务二　集装箱港口小组综合作业优化方案实施 176

附录 180
　　附录A　教师演示任务数据 180
　　附录B　集装箱港口调研模板（供参考）........ 185
　　附录C　方案模板 186
　　附录D　箱区规划信息 202
　　附录E　轮船预配船图——字母图（部分）船图 203
　　附录F　设备交接单和装箱单模板 215

参考文献 217

项目一

集装箱港口单项作业方案设计与实施

项目背景

　　百蝶港始建于 2005 年，是世界最大的海岛型深水人工港，港区位于浙江嵊泗崎岖列岛以北，距上海市南汇芦潮港东南约 30 千米的大海里，由大、小洋山等十几个岛屿组成，平均水深 15 米，是距上海最近的天然深水港址。百蝶集装箱港口有限公司（注册简称 BDT）成立于 2005，隶属于百蝶航运集团，主要从事集装箱货物的装卸、储存、中转、分拨等物流服务和国际、国内客运服务，与世界上 130 多个国家和地区的 450 多个港口有贸易往来。

　　百蝶集装箱港口有限公司现有员工 16 000 多人，拥有可停靠 15 000 标准箱船舶的集装箱港口。公司使用先进的生产操作系统对港口作业实施全程管理和监控，以信息化管理促进作业效率的不断提升。

　　百蝶航运集团开展"绿色管理"的活动，发展循环经济，建设资源节约型港口。按照卓越绩效模式和管理体系准则，推行安全质量标准化，形成了一系列完善的管理经验，不断提高物流运作的可靠性和客户满意度，备受客户的信赖。运输跟踪及反馈系统确保货物准时、安全到达。百蝶港以多年的物流实践和为众多大型企业服务的经验，为客户提供最优质的服务。

　　百蝶港作为百蝶航运集团的港口运输主体，每天业务繁忙，为了快速高效地响应客户订单，海运部需要从各个环节优化作业流程，降低成本，并为集装箱港口设施设备的改进和增设提供解决方案。集装箱港口每天进出口业务繁忙，因此，维持集装箱港口的高效运营就显得尤为重要。作为一名港口运输管理工作人员，需要对整个集装箱港口的运营进行分析并改进，你应该如何开展这一系列工作呢？

子项目一
集装箱港口调研方案设计与实施

 子项目情景

唐晶,是一名大学四年级物流专业的学生,通过三轮面试终于争取到了来百蝶港实习的机会,这个机会对她来说非常重要,因此一定要好好表现,争取一年实习期结束后能够留下来。

办完入职手续后,人事主管白姐带她来到控制中心部门,对着大家说:"给大家介绍一下,这是我们新来的同事。"然后让她做了自我介绍。

白姐带她来到她的工位:"小唐,这位是罗浩,以后由他带你,你有什么问题可以问他。"她看着罗浩说:"师傅好,请多多指教。"罗浩黑着脸说:"我对实习生的要求可是很严的,你要是觉得自己吃不了苦可以换别人。"她连忙表示自己可以吃苦。罗浩的表情稍微缓和了一些:"你别看我们部门小,我们的工作对整个港口运输可起着重要的作用,你首先要熟悉集装箱港口的设施设备及其布局规划、人员岗位职责、堆场编码等内容,做好集装箱港口的调研工作,然后交给我一份调研报告。"

唐晶点点头:"嗯,请师傅放心,我一定努力完成!"

2017年12月30日,唐晶开始对集装箱港口进行调研,了解整个集装箱港口的布局,分析各设施设备的功能和用途,并熟悉管理系统中的各个功能和操作方法,最后将这些调研结果汇总整合,形成调研报告。如果你是唐晶,作为一名新员工,要了解整个港口的运营现状,你将如何安排这些工作?

 学习目标

【知识目标】
1. 掌握集装箱港口及其相关概念。
2. 掌握集装箱港口的基本构成及布局。
3. 掌握集装箱港口的岗位及其职责,理解集装箱港口的组织结构及岗位设置原则。

【技能目标】
1. 能够依据项目任务书的要求设计完整的集装箱港口调研方案。
2. 能够依据调研方案完成集装箱港口岗位及其职责、设施设备及其规模的调研。
3. 能够依据调研方案完成作业成本调研。
4. 能够规范撰写集装箱港口调研报告。
5. 能够规范绘制集装箱港口平面布局图。

【素质目标】
1. 培养港机装备大国的爱国情怀。
2. 培养爱岗敬业的职业认同感。

任务一　集装箱港口调研方案设计

> **知识链接**

在进行集装箱港口调研方案设计时，首先要了解集装箱及集装箱港口运营管理的基础知识，在此基础上通过熟悉集装箱港口的组织构架、设施设备的规模与布局、业务类型、堆场规模、作业流程、作业岗位等相关基础信息，才能有效地进行集装箱港口调研方案的设计。

港口与码头

港口是位于海、江、河沿岸，具有水路联运设备和条件供船舶安全进出和停泊的运输枢纽，是水陆交通的交汇地，具有完备的船舶航行、靠泊条件和一定的客货运设施的区域，它的范围包括水域和陆域两部分。

码头是供船舶停靠、装卸货物和上下游客的水工建筑物，从广义上可理解为码头建筑物及装卸作业地带的总和，是船舶靠泊和进行装卸作业的必要设施。

港口和码头的关系：港口是整体，码头是港口的重要组成部分；一个港口可以有多个码头，如专用码头（集装箱码头、煤码头等）、件杂货码头、客运码头等。

一、集装箱及相关基础知识

（一）集装箱的定义

集装箱（container）在我国香港被称作"货箱"，在我国台湾被称作"货柜"。在集装箱货物运输的全过程中，集装箱连同其内部装载的货物是作为一个运输单元进行运输的。关于集装箱的定义，国际上不同国家、地区和组织的表述有所不同。许多国家（包括中国）现在基本上采用国际标准化组织（ISO）对集装箱的定义。我国参照国际标准 ISO 830-1981《集装箱名词术语》制定了中华人民共和国国家标准《集装箱术语》（GB/T 1992—2006），对集装箱定义如下：

微课 1-1　集装箱

集装箱是一种运输设备，应满足下列条件：
（1）具有足够的强度，可长期反复使用。
（2）适于一种或多种运输方式运送货物，途中转运时，箱内货物不需换装。
（3）具有快速装卸和搬运的装置，特别便于从一种运输方式转移到另一种运输方式。
（4）便于货物装满和卸空。
（5）要具有 $1m^3$ 及以上容积。
（6）是一种按照确保安全的要求设计，并具有防御无关人员轻易进入的货运工具。

集装箱运输不仅具有安全、迅速、简便、价廉的特点，还有利于减少运输环节，通过综合利用铁路、公路和航空等各种运输方式，实现"门到门"运输。

（二）集装箱国际标准化

为了便于集装箱在国际货物运输中流通使用，客观上要求必须有一个集装箱的标准规格。因为规格不同的集装箱阻碍着集装箱在国际范围内的交换使用，如果将不同规格的集装箱混装，不但会使舱容得不到充分利用，而且也会降低起重机械装卸效率。因此，国际标准化组织于1961年9月在美国纽约成立了第104技术委员会，制定了国际通用集装箱标准。现行标准对集装箱尺寸做出了规定，包含了集装箱的长度、宽度、高度和箱门有效尺寸。根据现行的标准，集装箱外部尺寸分为13种，宽度一致（2 438mm），长度有4种（12 192mm、9 125mm、6 058mm、2 991mm），高度有4种（2 896mm、2 591mm、2 438mm、小于2 438mm），见表1-1。

表1-1 现行国际标准集装箱箱型系列

集装箱型号	长度L		宽度W		高度H		额定质量（总质量）	
	mm	ft	mm	ft	mm	ft	kg	lb
1AAA	12 192	40	2 438	8	2 896	9.6	30 480	67 200
1AA					2 591	8.6		
1A					2 438	8		
1AX					<2 438	<8		
1BBB	9 125	29.937 5	2 438	8	2 896	9.6	25 400	56 000
1BB					2 591	8.6		
1B					2 438	8		
1BX					<2 438	<8		
1CC	6 058	19.875	2 438	8	2 591	8.6	24 000	52 900
1C					2 438	8		
1CX					<2 438	<8		
1D	2 991	9.813	2 438	8	2 438	8	10 160	22 400
1DX					<2 438	<8		

注：1ft=0.3048m；1lb=0.45359kg。

集装箱内部尺寸是按集装箱内接最大矩形平行六面体确定的长、宽、高净空尺寸，不考虑顶角件凸入箱内。集装箱内部长、宽、高的乘积为集装箱的体积。集装箱内部不考虑角件凸出部分的高度为净空高度。第一系列集装箱的最小内部尺寸和最小箱门开口尺寸见表1-2。

表1-2 第一系列集装箱的最小内部尺寸和最小箱门开口尺寸　　（单位：mm）

集装箱型号	最小内部尺寸		最小箱门开口尺寸		
	高度H	宽度W	长度L	高度H	宽度W
1AAA	外部尺寸减241mm	2 330	11 998	2 566	2 286
1AA			11 998	2 261	
1A			11 998	2 134	
1BBB			8 931	2 566	
1BB			8 931	2 261	
1B			8 931	2 134	
1CC			5 867	2 261	
1C			5 867	2 134	
1D			2 802	2 134	

二、集装箱港口概述

（一）集装箱港口的概念

集装箱港口是指包括港池、锚地、进港航道、泊位等水域以及货运站、堆场、码头前沿、办公生活区域等陆域范围，能够容纳完整的集装箱装卸操作过程的具有明确界限的场所。集装箱港口是水陆联运的枢纽站，是集装箱货物在转换运输方式时的缓冲地，也是货物的交接点，因此，集装箱港口在整个集装箱运输过程中占有重要地位。

微课 1-2　集装箱港口

（二）集装箱港口的功能

（1）集装箱港口是海运与陆运的连接点，是海陆多式联运的枢纽。
（2）集装箱港口是换装转运的中心。
（3）集装箱港口是物流链中的重要环节。

（三）集装箱港口的特点

集装箱港口与普通件杂货港口相比具有如下特点：

1. 港口大型化和深水化

随着集装箱运输的发展，件杂货物集装箱化的比例不断提高，集装箱运量不断上升。根据规模经济原理，船舶越大，单位运输成本越低。因此，为了降低集装箱船舶运输成本，各个集装箱船舶运输公司新投入使用的集装箱船舶越来越大，与此相对应的港口也越来越大。前沿水深不断增加，岸线泊位长度延长，堆场及整个港口的区域扩大。

2. 装卸搬运机械化和高效化

由于集装箱船舶越来越大，从航次经济核算分析，允许船舶停留在港口的时间也越来越短。通过缩短集装箱船舶在港口的停泊时间可以降低停泊成本，提高集装箱运输船舶的效率并充分发挥船舶单位运输成本的优势，降低全程水路运输的成本，提高经济效益。为了保证集装箱船舶在港口以最短的时间装卸完集装箱，现代集装箱专用港口一般都配备了专门化、自动化、高效率化的装卸搬运机。

3. 管理信息化和现代化

集装箱运输业务的效率来源于管理的现代化，这都以运输信息传递的便利和高速处理为基础。在集装箱港口，信息的传递来源于两个方面：一是港口、外部客户和有关部门之间的信息联系；二是港口内部的现场指挥与生产指挥中心之间的信息联系。前者采用电子数据交换技术，后者采用现场数据输入仪来降低在整个信息传递过程中的时间耗费和出错率。现代集装箱港口的有效运作，不仅要求员工具有较高的文化素质和熟练的技术，更重要的是要具有先进的管理手段，国外一些先进的集装箱港口，如新加坡港、鹿特丹港，已经实现了堆场业务和闸口作业的自动化。

4. 港口投资巨大

港口规模的大型化，装卸搬运机械自动化、专门化、高速化，管理现代化都需要有较大的投资。另外，诸如集装箱港口堆场造价也比普通件杂货港口造价高很多。这些正是目前许多大型集装箱港口采用中外合资等形式进行招商融资建造的主要原因之一。

（四）集装箱港口的要求

集装箱港口必须满足下列基本要求：

（1）具备设计船型所需的泊位、岸线及前沿水深和足够的水域，保证船舶安全靠离。

（2）具备码头前沿所需要的宽度、港口纵深及堆场面积，具有可供目前发展所需的广阔的陆域，保证集装箱堆存和堆场作业及车辆通道的需要。

（3）具备适应集装箱装卸作业、水平运输作业及堆场作业需要的各种装卸机械及设施，以实现各项作业的高效化。

（4）具有足够的集疏运能力及多渠道的集疏运系统，以保证集装箱及时集中和疏散，快速装卸船舶，防止港口堵塞。

（5）具有维修保养的设施及相应的人员，以保证正常作业的需要。

（6）集装箱港口科技化及现代化的装卸作业和管理工作，要求具备较高素质的管理人员和机械司机。

（7）为满足作业及管理的需要，应具备现代管理和作业的必需手段，采用电子计算机及数据交换系统。

（五）集装箱港口的布局

集装箱港口的整个装卸作业是采用机械化、大规模生产方式进行的，要求各项作业密切配合，实现装卸工艺系统的高效运作。这就要求集装箱港口上各项设施合理布置，并使它们有机地联系起来，形成一个各项作业协调一致、相互配合的有机整体，形成高效、完善的流水作业线，以缩短车、船、箱在港口的停泊时间，加速车、船、箱的周转，降低运输成本和装卸成本，实现最大的经济效益。

图 1-1 为吊装式全集装箱船专用港口平面布局图，对于集装箱专用港口而言，港口布置主要要求集装箱泊位岸线长为 300m 以上，集装箱港口陆域纵深应能满足各种设施对陆域面积的要求。由于集装箱船舶日趋大型化，载箱量越来越多，因此，陆域纵深一般为 350m 以上，有的集装箱港口陆域纵深甚至已高达 500m。码头前沿宽度一般为 40m 左右，取决于集装箱装卸工艺系统及岸边桥式起重机的参数和水平运输的机械类型；一般码头前沿不铺设铁路线，不考虑车船直取的装卸方式，以确保码头前沿船舶装卸效率不受影响。

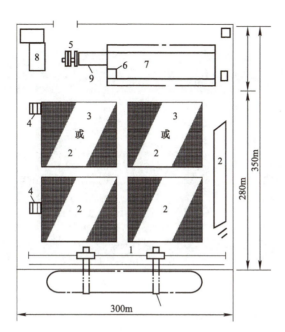

图 1-1　吊装式全集装箱船专用港口平面布局图

1—码头前沿　2—编排场　3—集装箱堆场　4—调头区　5—大门
6—中控室　7—货运站　8—维修车间　9—办公楼

根据集装箱港口装卸作业、业务管理的需要，集装箱港口应由以下主要设施构成：

1. 靠泊设施（Wharf）

靠泊设施主要由港口岸线和港口岸壁组成。港口岸线是供来港装卸的集装箱船舶停靠使用，长度根据所停靠船舶的主要技术参数及有关安全规定而定。港口岸壁一般是指集装箱船停靠时所需的系船设施，岸壁上设有缆桩，用于船靠港口时通过缆绳将船拴住；岸壁上还应设置预防碰撞装置，通常由橡胶材料制作而成。

2. 码头前沿（Frontier）

码头前沿是指沿港口岸壁到集装箱编排场之间的港口面积，设有岸边集装箱起重机及其运行轨道。码头前沿的宽度可根据岸边集装箱起重机的跨距和使用的其他装卸机械种类而定，一般为40m左右。

3. 集装箱堆场（Container Yard，CY）

集装箱堆场可分为前方堆场和后方堆场。前方堆场（又称码头堆场）是指把准备装船的集装箱排列待装以及为即将卸下的集装箱准备好场地和堆放的位置，通常布置在码头前沿，主要作用是保证船舶装卸作业快速而不间断地进行。后方堆场是指进行集装箱交接、保管重箱和安全检查的场所，有的还包括存放底盘车的场地，后方堆场如图1-2所示。堆场面积的大小必须适应集装箱吞吐量的要求，应根据船型的装载能力及到港的船舶密度、装卸工艺系统以及集装箱在堆场上的排列形式等计算、分析确定。

集装箱在堆场上的排列形式一般有"纵横排列法"（即将集装箱按纵向或横向排列，此法应用较多）和"人字形排列法"（即集装箱在堆场上摆放成"人"字形，适用于底盘车装卸作业方式）。

图 1-2　后方堆场

4．集装箱货运站（Container Freight Station，CFS）

集装箱货运站有的设在港口之内，有的设在港口之外。货运站是拼箱货物进行拆箱和装箱，并对这些货物进行储存、防护和收发交接的作业场所，主要任务是出口拼箱的接收、装箱，进口拼箱的拆箱、交货等。货运站应配备拆装箱及场地堆码用的小型装卸机械及有关设备，货运站的规模应根据拆装箱量及不平衡性综合确定。

5．中控室（Central Control Room）

中控室也称控制塔，是集装箱港口作业的指挥中心，主要任务是监视和指挥船舶装卸作业及堆场作业。控制塔应设在港口的最高处，以便能清楚看到港口所有集装箱的箱位及全部作业情况。

6．大门（Gate）

大门又称闸口、检查口或道口，是集装箱港口的出入口，也是划分集装箱港口与其他单位责任的地方。所有进出集装箱港口的集装箱均在闸口进行检查，办理交接手续并填制有关单据。

7．维修车间（Maintenance Shop）

维修车间是对集装箱及其专用机械进行检查、修理和保养的场所。维修车间的规模应根据集装箱的损坏率、修理的期限以及港口内使用的车辆和装卸机械的种类、数量及检修内容等确定。维修车间应配备维修设备。

8．集装箱清洗场（Container Washing Station）

集装箱清洗场的主要任务是对集装箱污物进行清扫、清洗，一般设在后方并配有多种清洗设施。

9．港口办公楼（Harbour Office Building）

港口办公楼是集装箱港口行政、业务管理的大本营，目前已基本上实现了电子化管理，最终达到管理的自动化。

（六）集装箱港口设备

集装箱港口除具有上述主要设施外，在码头前沿、堆场和货运站等地方还应配备各种类型的机械设备，从而形成完善、高效的装卸工艺系统，满足集装箱在港口的装卸、搬运和拆箱要求。当前集装箱港口的主要设备有岸边桥式集装箱起重机、轮胎式龙门起重机、轨道式龙门起重机、集装箱卡车、叉车、正面吊等。

1. 岸边桥式集装箱起重机

岸边桥式集装箱起重机简称集装箱装卸桥或岸桥（见图1-3），它是集装箱码头前沿进行集装箱船舶装卸作业的专用机械，世界上各种集装箱港口均采用岸边桥式集装箱起重机来承担船舶的集装箱装卸作业。它是一种体积庞大、自重非常大、价格昂贵的集装箱港口专用设备。

岸边桥式集装箱起重机主要由带行走机构的门架、承担鼻架重量的拉杆和壁架等几个部分组成。壁架可分为海侧臂架、陆侧臂架和门中臂架3个部分，门中臂架专门用于连接海侧臂架和陆侧臂架。臂架的主要作用是承受带升降机构的小车重量，而升降机构是用来承受集装箱吊具和集装箱重量的。海侧臂架一般具有俯仰、伸缩机构，避免岸桥移动时与船舶的上层建筑发生碰撞。

图1-3 岸边桥式集装箱起重机

岸桥作业时，由于集装箱专用船舶的船舱内设有箱格，舱内的集装箱作业对位非常方便，无须人工协助，与件杂货装卸作业相比，免去了舱内作业工序。根据世界集装箱港口运营经验，一般一个集装箱泊位需配备集装箱装卸桥1～3台。

2. 龙门起重机

龙门起重机简称龙门吊，龙门吊系统工艺是荷兰阿姆斯特丹港口建设时最先采用的，是一种在集装箱场地上进行集装箱堆垛和车辆装卸的机械。龙门起重机有轮胎式（又称无轨龙门吊）和轨道式（又称有轨龙门吊）两种形式。这种工艺方式是把从船上卸下来的集装箱用场地底盘车（或其他机械）从船边运到场地，在场内采用轮胎式龙门吊或轨道式龙门吊进行堆装或对内陆车辆（公路集卡或铁路货车）进行装卸。

目前我国使用比较多的是轮胎式龙门起重机（Rubber-tired Transtainer），是集装箱港口堆场进行装卸、搬运、堆垛作业的专用机械，如图1-4所示。

图 1-4　轮胎式龙门起重机

轮胎式龙门起重机由前后两片门框和底梁组成门架，由橡胶轮胎支撑。装有集装箱吊具的行走小车沿着门框横梁上的轨道运行，配合底盘车进行集装箱的堆码和装卸作业。

轮胎式龙门起重机主要特点是机动灵活、通用性强。它不仅能前进、后退，而且还设有转向装置，通过轮子的 90°旋转，能从一个箱区转移到另一个箱区进行作业。

3．集装箱卡车

集装箱卡车属于水平运输机械，承担货物水平运输作业，可分为牵引车（俗称拖头）和挂车两部分，俗称集卡，如图 1-5 所示。

图 1-5　集装箱卡车

三、集装箱港口的组织结构与岗位设置

集装箱港口的组织结构与岗位设置就是按照预定的目标，将集装箱港口作业人员与进出口作业过程有机结合起来，完成集装箱货物进出口作业各环节的职责，为商品流通提供

良好的集装箱货物进出口作业服务,加速商品在集装箱港口的周转,合理使用人力、物力,取得最大的经济效益。

(一)集装箱港口的组织结构

1. 组织结构建立的原则

(1)任务目标原则。集装箱港口组织结构的设立,应以集装箱货物进出口管理任务和经营目标为依据,为最终实现企业目标而服务。集装箱港口货物进出口管理任务和经营目标是组织结构设置的出发点。组织结构是一种手段,部门、机构的设置及责权的划分,只能根据任务、目标的需要来决定。

(2)精简原则。机构臃肿庞大,必然造成协调困难、反应迟钝、管理成本加大,因此在完成集装箱货物进出口任务目标的前提下,组织结构应当力求紧凑精干,机构越简单、人员越少越好。这就需要加强人员培训,提高人员的素质。

(3)专业分工与协作原则。专业分工与协作是社会化大生产的客观要求,配送中心的各岗位之间、各部门之间有着紧密的联系,任何一项管理都离不开其他部门或人员的配合。因此,组织结构设置分工要恰当,责任要明确,既要进行相互协作又要避免推诿扯皮。

(4)统一指挥原则。组织结构设置要确保行政命令和生产指挥的集中统一,应该做到从上到下垂直领导,一级管一级,不越权指挥,避免多头领导。集装箱港口组织结构遵循统一指挥原则,实质是建立集装箱港口管理组织的合理纵向分工。管理层次一般包括三级:决策层、执行层和作业层。

(5)责权利相结合原则。所谓责权利相结合,就是使每一个职位或岗位上的职责、职权、经济利益统一起来,形成责权利相一致的关系。集装箱港口要围绕储配任务建立岗位责任制,明确规定每一个管理层次、每一个管理岗位、每一名管理人员的责任、权利与义务,并且将责任制与经济利益挂钩。

(6)有效管理幅度原则。管理幅度是指一名上级管理者直接管理的下属人员的数量。管理幅度直接关系到集装箱港口组织设置的管理层次的多少。一般而言,越是基层的管理工作,越是优秀的管理者,科学技术越发达,管理幅度越大;反之,管理幅度越小。同等规模的组织,管理幅度越大,管理层次越少,管理幅度与管理层次的数量成反比。

(7)稳定性与适应性相结合原则。组织结构应有一定的稳定性,以便于各环节、各岗位、各类人员相互配合,保持其正常运行的能力。当集装箱港口的外部环境和内部条件发生较大变化时,就需要进行必要的调整,以适应新环境的要求。

2. 典型的集装箱港口组织结构形式

(1)直线制组织结构。直线制组织结构是由一个上级直接管理多个下级的一种组织结构形式。优点:从上到下垂直领导,不设行政职能部门,组织精简,指令传达迅速,责权明确,集装箱港口主管的管理意图能够得到充分执行。缺点:管理中的各种决策易受管理者自身能力限制,对管理者的要求较全面;在业务量大,作业复杂的情况下,集装箱港口主管会感到巨大压力,难免力不从心。因此,这种组织结构适合规模小、人数不多、业务简单的小型配送中心。

(2)直线职能制组织结构。直线职能制组织结构是在直线制的基础上加上职能部门,各职能部门分管不同业务,这些职能机构都是某种职能的组合体。优点:克服了直线制组织结构中管理者的精力和工作时间有限的缺点。缺点:各职能部门之间有时会发生矛盾,因此需要密切配合。这种组织结构被大中型配送中心普遍采用，是一种比较有效的组织结构形式。典型的直线职能制集装箱港口组织结构图如图1-6所示。

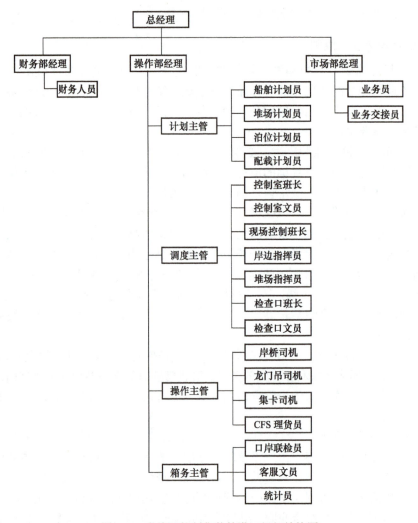

图1-6 直线职能制集装箱港口组织结构图

（3）事业部制组织结构。事业部制组织结构是一种较为复杂的组织结构形式，它是在总公司的领导下，以某项业务（或项目）为事业部，实行统一管理、分散经营的组织运行管理机制。优点：管理决策程序完善，运行效率高，各事业部内部管理权力相对集中，有独立经营管理能力，适合大型综合配送中心。缺点：总公司与事业部的职能机构重叠，造成人力资源浪费；事业部实行独立核算，各事业部只考虑自身利益，影响各事业部之间的协作。

（二）集装箱港口的岗位设置

岗位设置的基础是集装箱港口各项物流作业中所需要的工种（在这里将一种工种定义为一种岗位），但在实际执行中可能会将相近的且工作量不大的工种合并，由一个工作岗位人员来完成。在对各工种进行划分时，有可能会出现不同区域相同工种的情况，在这里会将工作合并来编写工作职责。

集装箱港口的岗位设置会随集装箱港口组织结构的调整及业务的变更而改变,也可随工作人员对于现场各项工作的熟练程度而加以合并或重新划分。

1. 岗位设置原则

"因事设岗"是集装箱港口运营岗位设置的基本原则。在具体设置岗位时还应该考虑以下几个原则:

(1) 岗位设置的数目符合最低数量的原则。

(2) 所有岗位有效配合,保证组织的总目标、总任务实现的原则。

(3) 每个岗位发挥积极效应,与其他相关岗位之间相互协调的原则。

(4) 所有岗位充分体现经济、科学、合理、系统化的原则。

2. 岗位职责

各岗位职责描述见表 1-3。

表 1-3 岗位职责描述

部门	岗位名称	岗位职责
市场部	市场部经理	主持市场部的全面工作,审核月度、周货运计划;审核货物出入库手续、完船交接手续及收费工作
	业务员	了解市场业务及航线,负责市场调研开拓,编制月度货运计划,与客户签订合同并保管合同
	业务交接员	负责办理货运交接手续;负责单证的保管工作
财务部	财务人员	负责公司收费业务,负责计收货方在港发生的各项费用
操作部	计划	计划主管	组织编制公司昼夜靠泊及生产作业计划,负责公司计划室日常工作
		船舶计划员	负责公司昼夜船舶计划的编制工作;负责监督船计划的执行情况;根据生产实际情况,对计划进行适当调整
		堆场计划员	编制堆场作业计划;负责维护集疏港货物信息
		泊位计划员	根据生产实际情况,编制本港昼夜靠泊计划
		配载计划员	接收船公司的出口清单和出口预配图数据,进行出口船舶配载,并将配载结果发给船公司
	调度	调度主管	承担装卸船、集港的生产指挥工作,落实公司的生产作业计划
		控制室班长	承担当班装卸船、集疏港作业的生产指挥工作,布置当班生产作业任务;协调平衡个生产环节
		控制室文员	承担单船作业的生产指挥工作,负责落实单船生产作业计划
		现场控制班长	承担本班组织管理工作,组织落实昼夜作业计划,负责所有港口作业的组织实施和管理
		岸边指挥员	根据昼夜作业计划指挥岸桥司机进场装卸箱作业
		堆场指挥员	根据昼夜作业计划指挥龙门吊司机进场装卸箱作业(现在一般不设置堆场指挥员)
		检查口班长	负责检查口各项作业活动
		检查口文员	检验进出闸集装箱,接受并处理设备交接单
	操作	操作主管	承担装卸船、集港生产现场的指挥工作,处理操作过程中的各项问题
		岸桥司机	操作岸桥,进行集装箱的装卸生产任务
		龙门吊司机	操作龙门吊,进行集装箱堆场的装卸堆码作业
		集卡司机	驾驶集装箱运输卡车,运送集装箱到指定位置
		CFS 理货员	安排货运站的作业计划,对拆装箱的货物进行清点并记录
	箱务	箱务主管	全面负责公司箱务管理工作
		口岸联检员	协助海关、国检等口岸单位对集装箱进行检查工作
		客服文员	为货主办理交收箱手续,包括单证制作、海关信息及收费
		统计员	负责堆场货物的数据录入及统计工作

方案设计任务书

方案设计任务书	
子项目名称	集装箱港口调研方案设计
任务描述	借助 ITOS 虚拟运营软件,通过对集装箱港口进行调研,达到了解企业运作基本情况的目的
任务成果	集装箱港口调研设计方案 集装箱港口调研报告 ITOS 虚拟运营软件操作规范、正确
模仿训练内容	调研背景:在进行集装箱港口货物进出口作业方案设计时,首先要了解集装箱港口运作的基本情况,熟悉集装箱港口布局结构、功能、流程及设施设备规模、堆场的堆存情况、舱单流水、成本结构、作业岗位等相关基础信息,在此基础上才能进行作业方案设计 调研目的:根据任务日期,进入百蝶港(ITOS),通过观察和查询掌握该集装箱港口的布局结构、设施设备规模、堆场堆存情况、舱单流水、成本结构、作业岗位等相关基础信息,熟悉集装箱港口各种设施设备的功能和用途 调研方法:观察法和查询法(在 ITOS 系统中观察调研) 调研内容: 1. 集装箱港口有哪些设施设备,参考调研模板中所列举的项目进行调研(ITOS 系统) 2. 集装箱港口作业岗位及职责调查(ITOS 系统) 3. 1A 场区集装箱堆场情况调研 4. 根据参观调研结合理论知识来判断该集装箱港口属于哪种类型,使用绘图工具 Visio 或 CAD 软件画出集装箱港口的平面结构图 5. 作业成本调查(ITOS 系统) 6. 集装箱港口泊位调研(ITOS 系统) ☆调研模板可参考附录 B 中各表格 调研结果:分析调研数据,根据调研结果撰写调研报告,组织交流讨论
强化训练内容	调研背景:在进行集装箱港口货物进出口作业方案设计时,首先要了解集装箱港口运作的基本情况,熟悉集装箱港口布局结构、功能、流程及设施设备规模、堆场的堆存情况、成本结构、舱单流水作业岗位等相关基础信息,在此基础上才能进行作业方案设计 调研目的:根据任务日期,进入百蝶港(ITOS),通过观察和查询掌握该集装箱港口的布局结构、设施设备规模、堆场存储情况、舱单流水、成本结构、作业岗位等相关基础信息,熟悉集装箱港口各种设施设备的功能和用途 调研方法:观察法和查询法(在 ITOS 系统中观察调研) 调研内容: 1. 1D 场区集装箱堆场情况调研 2. 画出集装箱港口装卸工艺流程图 3. ITOS 系统中都包含哪些模块 4. 内集卡数量 ☆调研模板可参考附录 B 中各表格 调研结果:分析调研数据,根据调研结果撰写调研报告,组织交流讨论
子项目方案设计任务书说明	
针对教学任务书给出的学习训练任务内容,学生首先在课堂中和教师一起学习集装箱港口调研作业理论知识,熟悉 ITOS 虚拟运营软件的操作方法和流程,然后根据教师的课堂演示进行模仿练习,最后结合知识链接中的知识、管理技能、附录 B 中的集装箱港口调研模板内容进行方案设计部分的调研	

微课 1-3 集装箱港口调研方案设计

任务二　集装箱港口调研方案实施

技能链接

高等职业院校港口物流管理专业、港口与航运管理专业、集装箱运输管理专业担负着培养面向生产或服务企业一线基层管理者的主要任务，作为集装箱港口的基层管理者，既要具备熟练的作业技能，又要具备客户意识、服务意识、质量意识、效率意识、成本意识等管理意识，并在此基础上培养和提升自身的管理技能。在实际工作中，基层管理者的作业技能和管理技能是密不可分的，两者互为前提和因果关系，相互影响，相互促进。因此，本书以培养学生熟练掌握集装箱港口作业技能（货物卸船作业、重箱出场作业、泊位计划作业、堆场计划作业、装船作业、重箱进场作业、集装箱港口进口全程作业及集装箱港口出口全程作业）为出发点，旨在以此为基础培养和提升学生的管理意识和管理技能。所以，书中技能链接部分主要是结合不同的项目任务要求，对有效地实施该任务所需要的管理技能加以陈述和强调，旨在为顺利完成作业任务建立起必要的管理逻辑和管理意识，为培养和提升管理技能奠定基础。

集装箱港口业务是一项系统工程。港口的工作人员需要具备系统思考能力，以应对港口复杂多变的工作环境。

（1）整体思考：要把构成组织的各个要素、各个部门、各个业务单元看成是一个统一的整体，防止分割思考。例如，卸船作业需要泊位计划员安排泊位计划，堆场计划员安排堆场计划，港口调度员进行场桥调度、岸桥调度、集卡调度。各个作业环节之间相互影响：堆场计划要参考泊位计划进行安排，场桥调度参考堆场计划进行安排，岸桥调度参考泊位计划进行安排，集卡调度参考泊位计划、堆场计划、岸桥作业效率进行安排。若将各业务割裂开来，就会影响卸船作业整体效率。

（2）深入思考：需要具备相互制衡的观念，系统中各个要素、各子系统之间是相互影响、相互制衡的关系，对任何一个子系统所做的任何改变都会影响到其他子系统。例如，卸船顺序有多种方式：按层卸箱，按列卸箱，或从中间向两边卸箱等。对于特定船舶的卸箱顺序需要考虑到船舶的箱型数量、位置分布、作业路数、靠泊方向等多种因素，通过深入的思考和分析，再确定合适的卸船顺序。

（3）全面思考：系统中的各个要素之间相互联系、相互影响、相互作用。例如，配载的目的是为出口的集装箱安排合适船箱位。配载计划关系到船舶航行安排、堆场取箱顺序、岸桥作业效率、船舶在港作业时间以及卸货港的卸船效率等。因此，配载岗位工作人员在完成作业时，要充分考虑配载计划对于各项作业的影响，权衡利弊，制订出最优化的配载计划。

（4）动态思考：系统不是一成不变的静态系统，而是随着外界环境的变化而变化的动态系统。因此，要防止静态思考，学会动态思考。泊位计划是船舶靠泊的依据，而在实际工作中，往往会出现各种突发情况。例如船舶出现故障，要马上进港卸货修船，这时就要求泊位计划员根据泊位占用情况，在尽量避免对其他船舶靠泊造成影响的前提下，对泊位计划及时进行调整，以应对突发情况。

方案实施指导书

1. 双击桌面图标打开用户登录界面，输入账号和密码（默认密码与账号相同），单击【登录】，如图 1-7 所示。登录平台后，在【我的课程】里单击【《港口管理》理实一体化课程】，在【课程内容】中选择课程【项目一　集装箱港口单项作业方案设计】→【子项目一　集装箱港口调研方案设计与实施】→【任务二　集装箱港口调研方案实施】，在右侧选择【集装箱港口调研方案实施（教师演示）】，并单击【进入任务】，如图 1-8 所示；人物角色选择【港口调度员】，单击【确定】进入 3D 仿真场景，如图 1-9 所示。

微课 1-4　集装箱港口调研方案实施

图 1-7　用户登录界面

图 1-8　进入任务

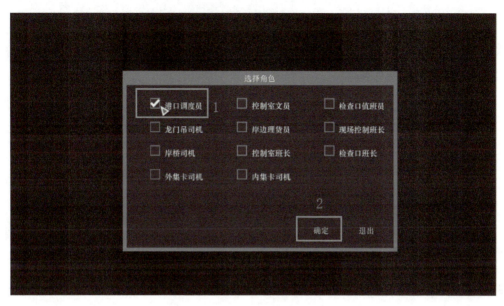

图 1-9　选择角色

2. 进入 3D 仿真场景后，按照以下指示进行按键操作（需在英文输入法状态下操作）。

（1）按 <F1> 键为第一视角，<F2> 键为第三视角，<F3> 键为飞行视角。

（2）按 <W><S><A><D> 键可进行前后左右移动，移动时按住 <Shift> 键可进行减速。

（3）按住鼠标右键进行拖动可以转换方向，第三视角下转动鼠标滚轮可调节视野远近，飞行视角下按 <Q> 键可以上升，按 <E> 键可以下降。

人物出现在中控室，如图 1-10 所示，然后走进电梯，按 <Alt> 键乘坐电梯，进入集装箱港口 3D 仿真场景，如图 1-11 所示。

图 1-10　中控室

图 1-11 集装箱港口 3D 仿真场景

3. 按照逆时针顺序靠近并仔细观察，并通过咨询教师或者在网上查找资料认识每个区域的每一种设备，记录下你所看到的设施设备，见表 1-4。

表 1-4 设备介绍及主要用途

设备名称	设备介绍	主要用途
岸桥		现代集装箱港口普遍采用集装箱岸桥进行船舶的装卸作业。集装箱岸桥是集装箱港口装卸集装箱的专用机械
龙门吊		龙门吊是集装箱港口堆场进行装卸、搬运、堆垛作业的专用机械

子项目一　集装箱港口调研方案设计与实施

（续）

设备名称	设备介绍	主要用途
集装箱		集装箱是指具有一定强度、刚度和规格的专供周转使用的大型装货容器
堆场		堆场是集装箱港口堆放集装箱的场地，为提高港口作业效率，堆场可分为前方堆场和后方堆场两个部分
闸口		闸口是公路集装箱进入港口的必经之处，也是划分交接双方对集装箱责任的分界点。闸口按业务需要可分为进闸口和出闸口，闸口主要功能包括：箱体检验、填写设备交接单进行箱体交接、单证的审核与签发签收、收箱和提箱的堆场位置确定、进出港口集装箱的信息记录
中控室		中控室是集装箱港口各项生产作业的中枢，集指挥、监督、协调、控制于一体。控制室计算机与作业现场、搬运机械的计算机终端通过有线或无线连接，成为港口各项作业信息的汇集和处理中心
集卡		集卡主要用于港口内外部的水平运输

（续）

设备名称	设备介绍	主要用途
集装箱货运站（CFS）		集装箱货运站主要用于装箱和拆箱，作为集装箱港口的辅助功能区，集装箱货运站通常设于港口的后方，其侧面靠近港口外接公路或铁路区域，以方便货主的散件接运，同时又不对整个港口的主要作业造成影响
PDA		自身有电池，可以移动使用，具有数据存储及计算能力，能与其他设备进行数据通信，有显示和输入功能

4. 按 <F3> 键进入飞行模式，找到进场区与出场区，逆时针漫游场景，将会看到图 1-12 ～ 图 1-14 所示的区域。飞出百蝶港左转，会看到集装箱货运站（CFS），如图 1-15 所示。

图 1-12　进场区

子项目一 集装箱港口调研方案设计与实施

图 1-13 出场区

图 1-14 办公楼

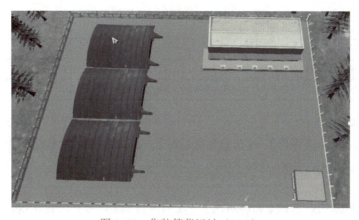

图 1-15 集装箱货运站（CFS）

5. 按键说明

键盘操作按键见表 1-5（所有按键操作需在英文输入法状态下操作）。

表 1-5 键盘操作按键表

W	控制人物、车辆、岸桥吊具、龙门吊吊具向前快速移动
S	控制人物、车辆、岸桥吊具、龙门吊吊具向后快速移动
A	控制人物、岸桥吊具、龙门吊吊具向左移动；控制车辆向左转弯（车辆转弯需同时按住 <W> 键或 <S> 键）
D	控制人物、岸桥吊具、龙门吊吊具向右移动；控制车辆向右转弯（车辆转弯需同时按住 <W> 键或 <S> 键）

（续）

E	按下 <E> 键，再按 <W><S><A><D> 键可以微小距离调整岸桥吊具、龙门吊吊具位置，调整好再按 <E> 键可恢复正常距离的调整；飞行视角下按此键可以下降
Q	取出或收起 PDA；岸桥、龙门吊的选位操作；飞行视角下按此键可以上升
Ctrl	拿起打印单据时需同时按住此键
Alt	操作使用键
F1	第一视角
F2	第三视角
F3	飞行视角
T	启动集卡
P	岸桥、龙门吊电源启动键
空格	人物跳跃；刹车；吊具锚定
C	蹲下
R	重置
O	吊具在 20ft 与 40ft 间切换
Esc	取消键；收起打开的单据
5	升起或下降岸桥吊具、龙门吊吊具的四个导板
6	岸桥吊具、龙门吊吊具的开锁、闭锁键
Z	吊具左转
X	吊具右转
F	吊具复位
G	全部复位
B	加快速度、减慢速度
↑	控制岸桥吊具、龙门吊吊具的升起
↓	控制岸桥吊具、龙门吊吊具的下降
M	打开导航地图，双击进行人物位置传送（如外集卡司机传送至集装箱货运站）

6．作业成本调研

在【主页】选择【考核评价】→【仿真评分标准】→【项目成本】→【虚拟集装箱港口运营】，查看港口部分项目成本，如图 1-16 和图 1-17 所示。

7．泊位调研

进入船舶管理系统，选择【船舶航次】→【泊位计划】，查看泊位情况，如图 1-18 所示。

图 1-16　仿真评分标准

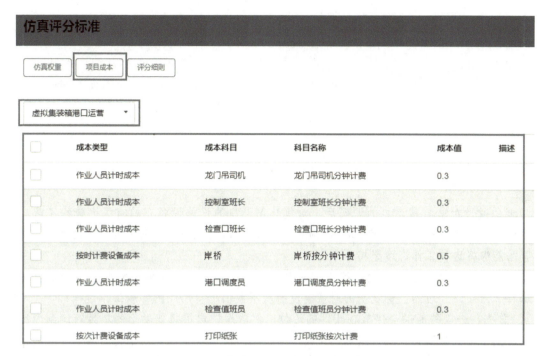

图 1-17　项目成本

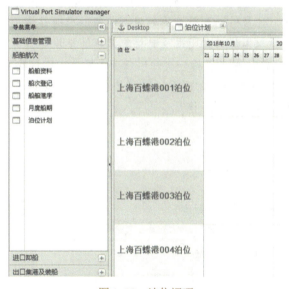

图 1-18　泊位调研

思考题：

1. 集装箱港口的特点有哪些？
2. 集装箱港口的功能区域有哪些？
3. 集装箱港口设备有哪些？

子项目二
集装箱港口卸船作业方案设计与实施

 子项目情景

唐晶通过对集装箱港口的调研后,对集装箱港口的设施设备布局有了大致的了解,自己也试图去调研一些罗浩没有要求她调研的内容。罗浩对她提交的调研报告比较满意,并希望唐晶能够将这种工作态度坚持下来。

罗浩今天心情似乎还不错,脸上微有笑意,给唐晶安排工作的时候脸上的表情也没以前那样严肃了,"唐晶,你调研的时候有没有观察我们进口船舶的卸船工作过程?"

"首先,进口的船舶会停靠在指定的泊位,然后岸桥司机将船舶上的集装箱卸到内集卡上,内集卡司机会驾驶车辆至指定的龙门吊下,龙门吊司机操作龙门吊将内集卡上的集装箱卸至指定场箱位,然后内集卡司机将内集卡开回至停车点。"唐晶说道。

罗浩接着说:"那你有没有想过每天会有很多船舶靠港,我们应该如何将港口上的人员和机械资源合理安排,才能够达到最大的效用,使船舶准时靠港、岸桥司机及时卸船、内集卡司机及时将集装箱运至堆场、龙门吊及时将集装箱卸至堆场?你带着这些问题跟着我学习一段时间,慢慢体会,然后独自安排一次卸船任务,算是对你这次实习工作的一次考核。"

唐晶跟着师傅罗浩学习了一段时间后,终于要自己独立安排一次小型卸船任务,如果你是唐晶,你将如何安排这一系列工作?

 学习目标

【知识目标】
1. 掌握卸船作业的基本流程。
2. 熟悉场箱位与船箱位的编码规则。
3. 熟悉泊位计划的方法和原则。
4. 熟悉卸船作业的机械调度方法。

【技能目标】
1. 能够依据项目任务书的要求设计完成卸船作业方案。
2. 能够依据项目任务书的要求进行合理的泊位计划。
3. 能够依据项目任务书的要求合理分配卸船集装箱的场箱位。
4. 能够依据项目任务书的要求合理进行机械调度。

【素质目标】
1. 培养团队合作的工作态度。
2. 培养安全第一、兼顾效率的职业精神。

子项目二　集装箱港口卸船作业方案设计与实施

任务一　集装箱港口卸船作业方案设计

知识链接

卸船作业是集装箱港口业务管理中的核心内容之一。操作部门根据卸船作业计划及时做好卸船前的准备，确保各职能部门准确迅速的完成卸船作业。集装箱港口的卸船作业包括卸船前准备工作和卸船作业计划两部分工作内容。卸船前准备工作包括泊位计划和堆场计划。泊位计划是给即将来港的船舶安排合适的停靠位置；堆场计划是根据堆场场区的划分和进口箱的尺寸类型等特点，安排合适的堆场位置。卸船作业按照业务操作过程来说可分为岸桥卸箱、集卡运输及龙门吊堆场放箱三个阶段。

一、集装箱港口堆场

集装箱港口堆场包括集装箱前方堆场和集装箱后方堆场。集装箱前方堆场在集装箱港口的前方，是为加速进出口船舶作业而暂时堆放集装箱的场地；集装箱后方堆场是重箱或空箱进行交换、保管和堆存的场所，是集装箱装卸区的组成部分。在发货港集装箱港口堆场交接意味着发货人自行负责集装箱及集装箱到发货港集装箱港口堆场的运输；在卸货港集装箱港口堆场交接意味着发货人自行负责集装箱到最终目的地的运输和拆箱。常见的集装箱港口堆场如图 2-1 所示。

微课 2-1　集装箱堆场

图 2-1　集装箱港口堆场

（一）集装箱堆场的分区

为了方便集装箱堆场的管理，将集装箱堆场划分为多个不同类别的箱区。箱区是指港口用来堆放集装箱的区间位置，每个箱区都有其专门的名称。可按照不同的分类标准对箱区进行划分。

（1）按进出口业务不同可分为进口箱区、出口箱区和中转箱区。

（2）按集装箱种类不同可分为普通箱区和特种箱区。其中，特种箱区包括冷藏箱区、危险品箱区、超限箱区和残损箱区。对于平台箱、通风箱、台架箱、敞顶箱等特种箱必须堆放在特种箱区。对四超箱（超高、超长、超宽、超重）通常限于一层高，并采用相应的特种箱装卸工艺作业。

（3）按集装箱的状态不同可分为空箱区和重箱区。

（二）场箱位

1．场箱位的概念

场箱位又称集装箱堆场位置，是用一组编码来表示集装箱在堆场内的位置。一个堆场由若干个堆存区组成，在定位某个具体集装箱时，通常根据集装箱在堆场中所处的位置，运用类似于三维定位的方法，来准确读取集装箱的位置。

2．场箱位的作用

（1）能清楚地读取集装箱堆场现有的集装箱情况。

场箱位能清晰显示集装箱堆场哪些位置没有堆放集装箱，哪些位置已经堆放了集装箱。能够使堆场计划人员为欲进出堆场的集装箱安排合理的箱位，提高后续堆场现场作业的效率。

（2）能准确地告诉堆场工作人员、集卡司机具体的提箱、送箱位置。

对于堆场工作人员和集卡司机来说，如果没有具体的集装箱位置说明，就无法快速高效地找到相应的集装箱或者将要堆放集装箱的具体位置。

（3）有利于龙门吊等装卸设备作业。

龙门吊能够根据集装箱的场箱位进行正确堆存，避免出现找不到相应集装箱的情况。

3．场箱位的编码规则

场箱位是组成集装箱堆场的最小单元。场箱位编码由四部分构成：场、贝、列、层，如图 2-2 所示。

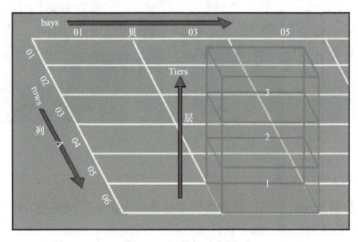

图 2-2　场箱位示意图

场：即场区号，用两位阿拉伯数字或者一个英文字母加一位阿拉伯数字表示。国内集装箱港口大多数采用一个英文字母加一位阿拉伯数字表示箱区的编码。一般在龙门吊堆场箱区中第一位的阿拉伯数字表示集装箱港口的泊位号，第二位的英文字母则表示箱区从海侧（集装箱港口）到陆侧（集装箱堆场）的顺序号。如1号泊位靠近海侧和靠近陆侧的堆场区域分别为1A、1B，如图2-3所示。

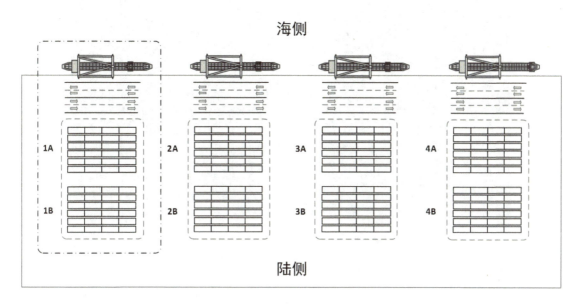

图2-3 堆场区域展示图

贝：即贝位号，也称"位"，若干个贝位组成一个场区。"贝"的编号用两位阿拉伯数字表示，由北向南以奇数形式标注（如01、03、05等）。由于一个40ft箱占用2个20ft箱的位置，因此，一般用奇数表示20ft箱的"贝"，偶数表示40ft箱的"贝"。例如，01贝位可以放一个20ft箱，01和03贝位组合起来就可以放一个40ft箱，01和03的组合贝位叫作02贝位，用来放40ft箱，如图2-4所示。贝位数与堆场箱区长度有关，而箱区长度往往与泊位长度相对应。

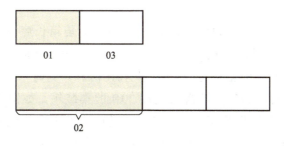

图2-4 "贝"展示图

列：即列位号，将每个箱位中从外侧到里侧纵向的位置叫作"列"，一般用两位阿拉伯数字表示，"列"的宽度应视龙门吊跨度而定，在集装箱堆场中，每一个贝都由6列组成，分别为 01、02、03、04、05、06 列。在集装箱堆场中，将靠近海侧的那一列定义为 01 列，将靠近陆侧的那一列定义为 06 列，如图 2-5 所示。

层：用两位阿拉伯数字表示。堆箱层数是视龙门吊的作业能力而定，不同类型的龙门吊系统，堆垛高度也不相同，一般是 3～5 层。

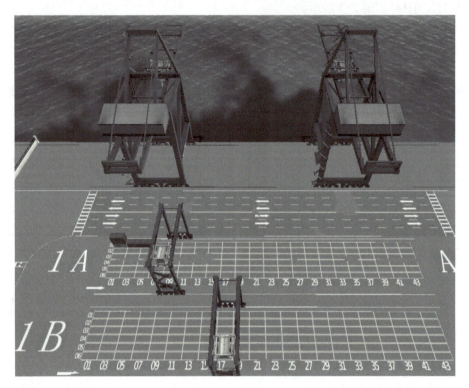

图 2-5 "列"展示图

（三）船箱位

船箱位是用来描述集装箱在集装箱船上的具体位置的。一条集装箱船上可容纳成百上千个集装箱，为了方便描述每个集装箱在船上的具体位置，引入贝、列、层的概念来表达船箱位。

贝位号一般用两位阿拉伯数字表示，用来描述集装箱长度方向上的位置。从船头到船尾，依次用奇数标识每一贝的名称，分别为 01、03、05 等。由于集装箱有 20ft 和 40ft 之分，因此，舱内的箱格也分 20ft 和 40ft 两种。同时，舱内箱格结构也不同，有的箱格导柱是固定的，20ft 的箱格只能装 20ft 的集装箱，如图 2-6 中的 01 贝所示；40ft 的箱格只能装 40ft 的集装箱，如图 2-6 中的 28 贝所示。但也有的箱格其导柱是可以拆装的，也就是说两个 20ft 的箱格拆掉导柱后可以拼装成一个 40ft 的集装箱，如图 2-6 中 03～25 贝都可以拼成大箱位。另外，根据每贝所放的大小箱不同，称为不同的"贝"，如图 2-6 中的 07、09 两贝的箱格中拼成了一个大箱格，则称这个大箱所处的贝位为 08 贝。

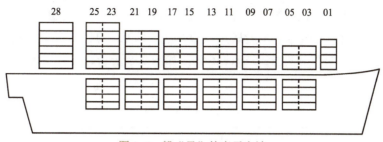

图 2-6 船"贝"的表示方法

列位号一般用两位阿拉伯数字表示,描述集装箱在船宽度上的位置。一般来说根据奇、偶数列的不同,表示方法也不同。按照"左双右单"的原则,如果是奇数列,应从中间列算起,向左舷为双数编号,向右舷为单数编号。如左舷为 02、04、06 等,右舷为 01、03、05 等,中间列为 00 号,如图 2-7a 所示。如果是偶数列,则 00 号空,如图 2-7b 所示。这是目前最常见的表示方法。

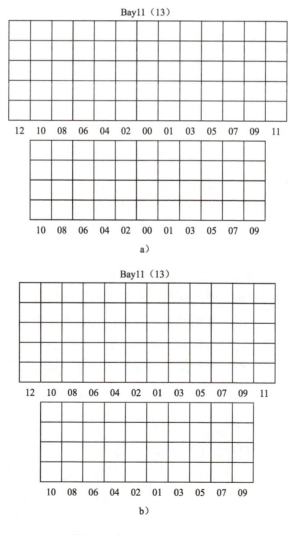

图 2-7 船"列"的表示方法

层位号一般用两位阿拉伯数字表示，描述集装箱在高度上的位置。目前最常用的表示方法是将舱内和甲板分开编号，从舱底用双数算起，即 02、04、06 等；甲板上从甲板底层算起，层号数字前加"8"，即 82、84、86 等，如图 2-8 所示。

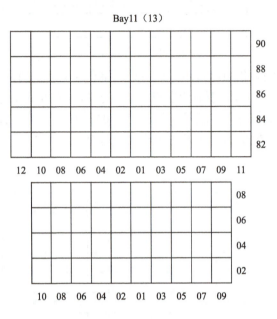

图 2-8 船"层"的表示方法

以船箱位号 030482 为例，即贝位号为 03 贝，表示从船头数起第二排；04 列表示在船的左侧，从中间开始数起第二列；82 层表示在甲板上第一层。

二、泊位计划

泊位计划（Berth Allocation，BA）是港口控制中心的一个重要组成部分。泊位计划人员的首要职责是利用现有资源制订合理而有效的泊位分配图，最大限度地提高泊位利用率，以满足船舶靠泊的需要。其主要工作包括绘制每日泊位图，负责船舶的靠泊、离泊等事项。泊位计划人员不仅要准确获取船舶航次信息，还要熟练掌握挂靠码头的船公司和每条航线的船期特点与船舶动态，为码头及有关单位提供准确的船舶、航线资料和信息。

微课 2-2 泊位计划

（一）泊位计划图的概念

泊位计划图是指集装箱船舶在码头泊位上的安排情况。泊位计划一般用一个坐标图表示，显示泊位被占用的情况。横轴是以码头泊位长度标尺每 10m 为一单位格，20m 为一刻度标。纵轴是以每 1h 为一单元格，2h 为一刻度标的时间轴，共同构成一个包括时间和空间的二位坐标系。泊位计划图如图 2-9 所示。（ETA，预计到港时间；ETD，预计离港时间）

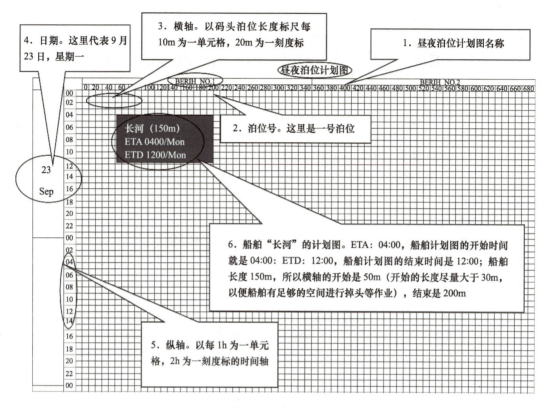

图 2-9　泊位计划图

（二）泊位计划图的作用

泊位计划图是船务管理的基础和关键，是船舶计划水平高低的直观反映。泊位安排的数据准确性直接影响码头整体作业的效率和效益，也直接影响码头物流系统的通过能力，其主要作用体现在以下几个方面：

1．编制集装箱作业计划的依据

集装箱装卸作业是按照泊位计划图所注明的船舶信息、泊位安排以及装卸路数信息进行作业的，泊位计划图的质量直接影响装卸作业的效率。

2．评估泊位物流系统能力的直观工具

泊位计划图能够直观地反映出码头的靠泊能力、生产计划的编制水平、装卸能力等综合指标，因此，可以从泊位计划图中直接了解到码头泊位物流系统的整体能力，泊位计划图也是评估码头泊位管理水平的重要工具。

3．码头实施堆场计划管理的基础和依据

堆场计划主要是指码头堆场集装箱摆放位置的划分和确定。集装箱的进出口流程中，在进行船舶装卸时就要涉及堆场的存取，因此，堆场的作业计划通常是船舶作业的延续，它是通过船舶装卸作业的安排来编制的。所以，堆场面积的有效利用以及合理划分需要依靠泊位计划图中的关键信息来进行。

4．新增航班泊位的依据

泊位计划图可以反映码头泊位一段时期内的船舶靠泊情况，码头业务部可以根据泊位分布情况、泊位配置和泊位特点，结合生产作业情况合理地安排新增航线泊位计划。

（三）制作泊位计划图的依据

良好的泊位计划是码头顺利运作的前提保障。泊位计划图不是凭空想象、胡乱编制的，它的形成需要参考以下信息：

（1）船公司的船期表，以此预估集装箱船舶靠泊信息。

（2）码头泊位分布图，明确码头泊位的配置情况及每个泊位的特点，以此确定所能容纳的集装箱船舶。

（3）码头堆场情况，以此来安排作业工艺，卸船场地。

（4）出口箱的堆放场地，以此来安排相应船舶的靠泊泊位等。

（5）根据岸桥的使用情况，合理安排工作路数，并且定期对吊桥进行保养维修。

1．船公司的船期表

船公司一般将近三个月内的船期表、一个月内的船期表以及每艘船准确的船期提前发邮件给泊位计划部门，泊位计划部门根据船公司提供的信息，在计算机内建立船公司代号、船名、船期、船的总长、航次代号、航线靠泊港、目的港、预计到港时间（ETA）、预计离港时间（ETD）、进口卸货量和出库口装货量等资料，并输入截箱期、免堆期。船舶计划员要经常与船舶代理等部门联系，及时更新最新船期表，以便能准确制作昼夜泊位安排图。

2．码头泊位分布图

码头泊位资料主要包括泊位长度、水深条件、岸桥大小、电缆长度及在码头上的分布、系揽桩位置等。每个码头均有自己的泊位配置，每个泊位的岸线长度及泊位水深决定了该泊位所能停靠的船舶大小，在制作泊位计划图时，必须清楚地了解码头泊位的配置情况及每个泊位的特点，这样制作的昼夜泊位计划图才能更符合生产需要。码头泊位如图 2-10 所示。

图 2-10　码头泊位

3. 码头堆场情况

码头堆场大小、堆场容量、箱区划分和箱区整体平面布局、作业机械和工艺，都对泊位的安排有一定影响。掌握每条船、每个航次的码头堆场收箱情况以及出口箱在堆场内的摆放位置，以便合理安排泊位，配备适当的装卸机械数量。

4. 岸桥情况

作业人员要清楚岸桥最新使用情况及维修情况。岸桥要定期做保养，可以减少在装卸船舶时的故障率。如有岸桥在某个定点进行修理，安排泊位时要尽量把这个维修岸桥的位置避开，以免影响这艘船舶的工作。

（四）泊位计划原则

泊位计划对集装箱港口业务操作至关重要。泊位的合理安排，直接影响着集装箱港口的生产组织与装卸任务。因此，泊位计划在整个集装箱港口业务管理中起着举足轻重的作用。合理有效的安排泊位，应考虑以下原则：

（1）先远洋干线大船，再近洋和沿海支线，最后安排驳船。在实际的泊位安排中，会根据船舶对码头的重要程度、到港时间，安排作业的先后顺序。无论是计算集装箱港口吞吐量，还是评价集装箱港口作业效率，远洋干线大船都是考核的关键性数据。同时，远洋干线大船的船东往往是集装箱港口的大客户，为了满足客户要求，提高服务水平，要优先考虑远洋干线大船。而驳船只是负责临近港口的运输任务，作业简单，所以最后安排驳船。

（2）对 300m 左右且装卸量特别大的船舶，首先考虑安排吊桥覆盖最密集的泊位区域。对于这类船舶，为了提高船舶的装卸效率，准时完成装卸作业，就需要多辆岸桥同时作业，以便多路同时开工。

（3）同一船公司（或同一航线联盟）的各航线船舶，尽可能固定在同一泊位区域。为了提高船舶作业效率，一般都会把一条集装箱船舶上的集装箱堆放在该船所靠泊位的堆场。这样既有利于缩短这条船舶装卸作业所需集卡的作业路线，提高装卸效率，也便于堆场合理安排进出口集装箱的堆放位置，为船舶计划提供参考。

（4）有固定互为中转的集装箱船与驳船尽可能放在相邻位置。这样它们在同时作业时，中转箱从上一程船舶卸下来就能直接装到下一程的集装箱船舶上，不需要放至集装箱堆场，或者暂时堆放在码头前沿的暂存区。这将有利于减少作业环节，提高机械作业效率，节约资源。

（5）先满足航线船舶船期要求，再考虑满足其空间要求。在安排泊位的时候，首先要考虑船舶的船期要求，如 ETA、ETD 情况，在满足准时靠、离泊的情况下，再根据该船舶的长度以及停靠的泊位号，以及在作业或将作业的船舶情况，来安排该船舶在码头的停泊位置。

三、卸船作业

卸船作业指集装箱船进入卸货港口，集装箱从船上卸下，经集卡运输，随后放入堆场的作业。

（一）卸船作业的内容

根据船期预报，在船舶抵港前，预先做出堆场配置计划及场地、机械、人力配置计划。同时，在具体操作上还要做好以下工作：

1. 进口作业计划的编制

编制进口作业计划的依据和参考资料主要包括：进口舱单、进口船舶积载图（封面图和贝位图）、离港报告、特种箱货有关货运单证资料、船型、潮汐、船舶性能、堆场情况、生产计划安排等。

2. 进口作业计划的实施

（1）码头调度室业务员接到船公司、货代公司及货主转来的进口货运单证及资料后，应进行以下内容的核对和统计工作：

1）核对进口舱单和进口船舶积载图，分清本港卸箱和过境箱。

2）以空、重箱为内容，核实20ft、40ft和其他规格的箱型，在本港卸箱总数以及中转箱、特种箱、冷藏箱、危险货物箱等有特殊装卸、堆存要求的箱数。

3）核实堆场部门提供的卸箱场地及箱位。

（2）根据作业线、机械出勤、堆场场地、船舶技术要求、进口箱装载以及出口箱预配等情况，合理分配各条作业线的卸箱量并打印卸船顺序表。

（3）根据堆场堆存条件，空箱、重箱分开堆码，重箱分票堆码，冷藏箱、危险货物箱、超限箱、中转箱专用堆场堆码，特种箱直提作业等各项作业要求，分别在卸船顺序表上编制卸箱场位。

（4）在卸船顺序表封面注明各种箱型的箱数以及总箱数。

（5）单船作业计划编制完毕并签字后，连同其他卸船有关资料送交堆场箱控室，由堆场箱控室下达指令，组织卸船作业。

（二）卸船作业的流程

（1）集装箱船停靠指定泊位。

（2）中控室发送卸船作业指令。

（3）船上理货员核对箱号，船上工人负责验箱。

（4）如果是卸甲板上的集装箱，则在卸箱前，船上工人应负责打开旋锁及解开捆绑装置。

（5）装卸桥司机在桥下工人指挥下将集装箱卸在桥下的拖车上。如果箱底带有旋锁，则在卸箱前，由桥下工人负责迅速拆除集装箱四个角上的旋锁并保管。

（6）外轮理货员核对箱号、铅封号码。

（7）桥边理货员核对箱号，并将有关集装箱的资料输入计算机，然后通知拖车司机将集装箱拖至堆场指定位置卸箱。

（8）拖车司机拖箱至堆场指定位置卸箱后返回装卸桥下，并重复上述过程，直至行箱位图上标明的集装箱全部卸完为止。

卸船作业流程如图2-11所示。

在实际操作中，会有多台装卸桥同时作业，而拖车数量更多，为了避免混乱，在组织生产时，通常会将拖车分组并平均分配给各个装卸桥，规范作业，提高作业效率。

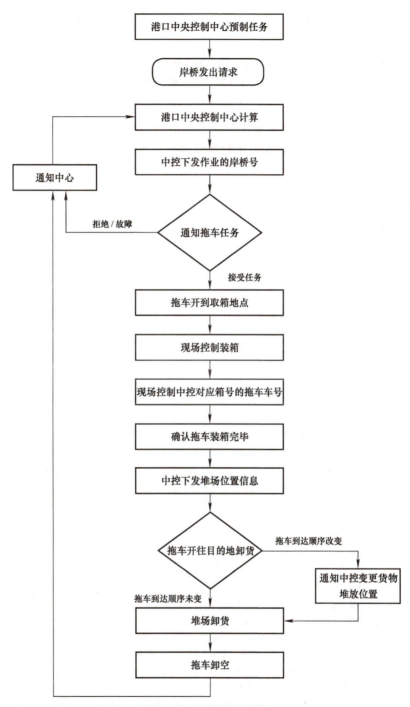

图 2-11 卸船作业流程图

(三) 卸船过程中的机械调度

集装箱船装卸作业装卸工艺有很多种,如岸桥-龙门吊装卸工艺、装卸桥跨运车工艺、集装箱叉车工艺、集装箱正面吊运机工艺、底盘车装卸工艺等。以岸桥-龙门吊装卸工艺为例,龙门吊系统通过岸桥承担船舶的装卸作业,龙门吊承担码头堆场的装卸和堆码作业,码头前沿到堆场以及堆场间的水平运输由集卡完成。龙门吊一般可跨六列集装箱和一列集卡车道，堆高为 3～5 层。

卸船作业中的三种主要机械为岸桥、集卡和龙门吊，三者互相配合完成集装箱从船上卸至堆场的作业过程。三者的作业效率不同，因此需要配备的机械数量也不同。例如，某集装箱码头，岸桥的作业效率一般为每小时 30 个集装箱，集卡的作业效率为每小时 6 个集装箱，龙门吊的作业效率为每小时 15 个集装箱。因为岸桥为卸船作业中的重点机械，为了保证岸桥的实际作业效率，应为每台岸桥配备的辅助机械数量等于岸桥作业效率除以辅助机械作业效率，即应配备 5 辆集卡、2 台龙门吊。

方案设计任务书

方案设计任务书	
子项目名称	集装箱港口卸船作业方案设计
任务描述	借助 ITOS 虚拟运营软件，通过完成集装箱货物卸船作业等，达到熟练掌握集装箱货物卸船作业流程的目的
任务成果	集装箱港口卸船作业设计方案 ITOS 虚拟运营软件操作规范正确
模仿训练内容	"顺河"号集装箱船隶属于百蝶远洋运输集装箱有限公司，2018 年 1 月 5 日，"顺河"号靠泊百蝶港，船长 150m，原定靠泊时间安排是 12:00 到锚地，13:00 靠泊码头，14:00 开始装卸作业。作业量如下：装 20ft 集装箱 600 个、40ft 集装箱 200 个，卸 20ft 集装箱 200 个、40ft 集装箱 100 个；计划用 2 台岸桥同时进行作业。注：岸桥装卸效率为每台每小时 30 个你为为百蝶港的一名港口堆场工作人员，该如何安排卸船作业呢？其中，集装箱卸船信息见下表： 卸船信息表 | 箱号	尺寸/箱型	空重	重量/KG	卸货港	交接方式
---	---	---	---	---	---
MSKU2837748	20GP	F	2 800	上海	进口重箱，堆场提箱
OOCU5011040	40GP	F	22 000	上海	进口重箱，CFS 拆箱提货
CCLU9061354	40GP	F	27 000	上海	进口重箱，CFS 拆箱提货	 任务要求： 1. 请根据"顺河"集装箱船的装卸任务计算船舶离港时间，并画出泊位策划图，要求在泊位分配策划图中绘制出"顺河"号的泊位计划，标出船名、船长、预计到港时间、预计离港时间、卸箱量、装箱量等信息 2. 根据 ITOS 系统的进口集装箱信息，为本航次中具有代表性的 3 个集装箱进行进口堆场详细安排 3. 根据集装箱卸船集装箱的数量、分布位置以及船舶停靠的泊位，安排合适的岸桥；根据堆场计划安排合适的龙门吊；根据卸船集装箱数量安排集卡作业（具体写出设备编号或车牌号） 4. 根据船图制作卸船计划，编制卸船作业顺序表 注：由于本航次船舶装卸量巨大，故只需对卸船信息表中的集装箱进行装卸船，其他集装箱的装卸船作业由系统自动完成
强化训练内容	"远泰"号集装箱船隶属于百蝶远洋运输集装箱有限公司，2018 年 1 月 5 日，"远泰"号靠泊百蝶港，船长 150m，原定靠泊时间安排是 15:00 到锚地，16:00 靠泊码头，17:00 开始装卸作业。作业量如下：装 20ft 集装箱 500 个、40ft 集装箱 100 个，卸 20ft 集装箱 200 个、40ft 集装箱 100 个；计划用 2 台岸桥同时进行作业。注：岸桥装卸效率为每台每小时 30 个，你作为百蝶港的一名港口堆场工作人员，该如何安排卸船作业呢？其中，集装箱卸船信息见下表：

子项目二　集装箱港口卸船作业方案设计与实施

(续)

	方案设计任务书				
强化训练内容	卸船信息表				
^	箱号	尺寸/箱型	空重	重量/KG	卸货港	交接方式
^	COSU4245255	20GP	F	2 900	上海	进口重箱，堆场提箱
^	OOCU9741772	40GP	F	19 000	上海	进口重箱，CFS 拆箱提货
^	COSU2373766	40GP	F	25 000	上海	进口重箱，CFS 拆箱提货
^	任务要求： 1. 请根据"远泰"集装箱船的装卸任务计算船舶离港时间，并画出泊位策划图，要求在泊位分配策划图中绘制出"远泰"号的泊位计划，标出船名、船长、预计到港时间、预计离港时间、卸箱量、装箱量等信息 2. 根据 ITOS 系统的进口集装箱信息，为本航次中具有代表性的 3 个集装箱进行进口箱堆场详细安排 3. 根据集装箱船卸船集装箱的数量、分布位置以及船舶停靠的泊位，安排合适的岸桥，根据堆场计划安排合适的龙门吊；根据卸船集装箱数量安排集卡作业（具体写出设备编号或车牌号） 4. 根据船图制作卸船计划，编制卸船作业顺序表 注：由于本航次船舶装卸量巨大，故只需对卸船信息表中的集装箱进行装卸船，其他集装箱的装卸船作业由系统自动完成				

子项目方案设计任务书说明
针对教学任务书给出的学习训练任务数据，学生首先在课堂中和教师一起学习卸船作业理论知识，熟悉 ITOS 虚拟运营软件的操作方法和流程，然后根据教师的课堂演示进行模仿练习，最后结合知识链接中的知识、管理技能、附录 C 中的方案模板和学习训练任务数据进行方案设计

微课 2-3　进口卸船作业方案设计

任务二　集装箱港口卸船作业方案实施

技能链接

泊位利用率

泊位利用率是码头泊位的作业时间占码头泊位日历时间的比重，其中，作业时间包括装卸时间和各类辅助时间。泊位利用率越高，说明港口码头等设施利用充分，但由于船舶到港的不平衡，泊位利用率越高，船舶待泊的可能性就会越大，若船在锚地等待的情况严重，就会增加航运公司及货主的成本。反之，如果泊位利用率越低，会导致码头泊位过度空闲，资源得不到有效利用，则会严重影响港方的经济效益。所以合理的泊位利用率应该建立在平衡港、航、货三方利益的基础上。

方案实施指导书

1．在【课程内容】中选择课程【子项目二　卸船作业方案设计与实施】→【任务二　卸船作业方案实施】，在右侧选择【卸船作业方案实施（教师演示）】，并单击【进入任务】，进入 3D 仿真场景，人物角色选择【港口调度员】，单击【确定】后进入 3D 仿真场景，如图 2-12 所示。

微课 2-4　进口卸船作业方案实施

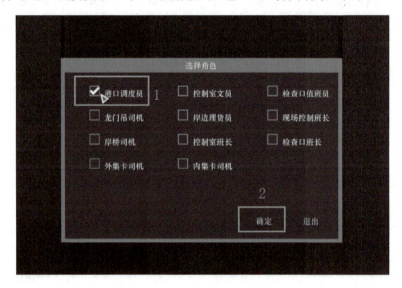

图 2-12　选择角色

2．人物出现在中控室，走近计算机，根据提示按 <Alt> 键操作计算机。

3．打开虚拟计算机界面上的 ● 进入船舶管理系统，依次选择【进口卸船】→【进口船图录入与修改】，在下拉列表中选择进口航次，勾选船箱位信息，单击【提交】，如图 2-13 所示。

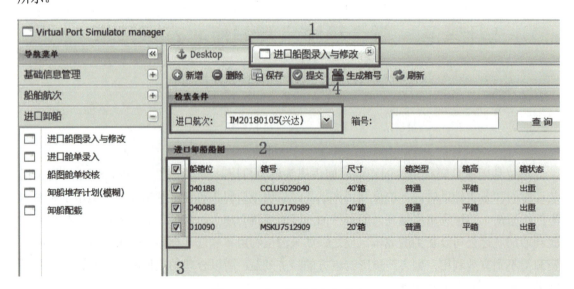

图 2-13　进口船图录入与修改

4. 单击【进口舱单录入】，选择进口航次，勾选进口舱单信息前面的复选框，单击【提交】，如图 2-14 所示。

图 2-14　进口舱单录入

5. 单击【船图舱单校核】，选择进口航次，单击【复核】→【提交】，如图 2-15 所示。

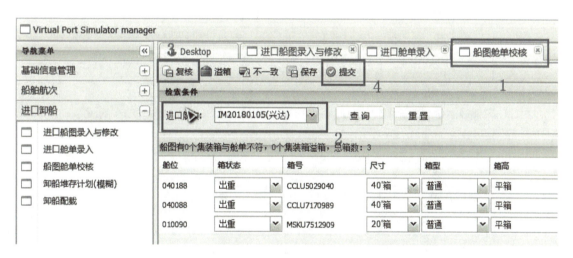

图 2-15　船图舱单校核

6. 单击【卸船堆存计划】，选择进口航次，单击【分类】，勾选 40ft（注意两个 40ft 的集装箱）的集装箱信息前面的复选框，在【箱区】中选择"1C"并选择 08 贝位（注意，20ft 的集装箱用奇数表示，40ft 的集装箱用偶数表示；红色和蓝色位置表示已有集装箱存放，奇偶数的空白位置表示目前没有集装箱，均可以选择），再单击【保存】，如图 2-16 所示。

7. 勾选 20ft 的集装箱信息前面的复选框，在 1C 箱区中选择 03 贝位，单击【保存】；然后在【船舶航次】里面同时勾选 20ft 和 40ft 集装箱进口航次信息，再单击【提交】，如图 2-17 所示。

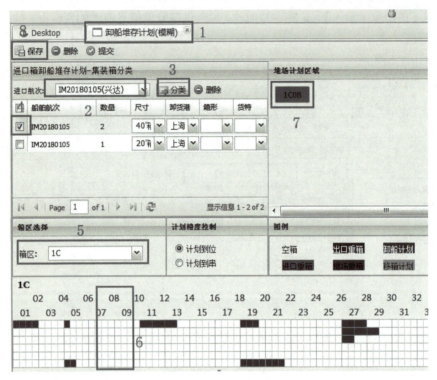

图 2-16　卸船堆存计划（40ft 集装箱 CCLU 5029040 和 CCLU 7170989）

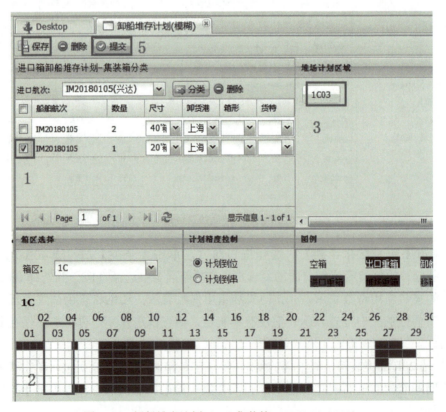

图 2-17　卸船堆存计划（20ft 集装箱 MSKU 7512909）

8. 单击【卸船配载】，选择进口航次，在【船舶航次】里面勾选40ft集装箱信息前面的复选框，在【船图配载信息】里面选择棕色显示的可配位置，在【计划区域】单击"1C08"，会在其下方出现堆存计划区域信息，并在【堆存计划区域信息】中选择最底层中的任意一个位置（不能选择上面的位置，堆存必须从地面第一层开始，否则集装箱就会悬空，堆存计划不会成功），再单击【保存】，如图2-18所示。

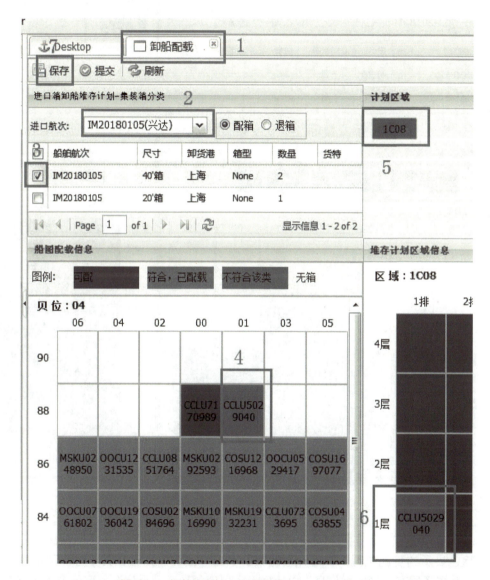

图2-18 卸船配载（40ft集装箱 CCLU 5029040）

9. 用同样的方法操作另一个40ft集装箱。在【船舶航次】里面勾选40ft集装箱信息前面的复选框，在【船图配载信息】里面选择棕色显示的可配位置，在【计划区域】单击"1C08"，会在其下方出现堆存计划区域信息，并在【堆存计划区域信息】中选择最底层中的任意一个位置，再单击【保存】，如图2-19所示。

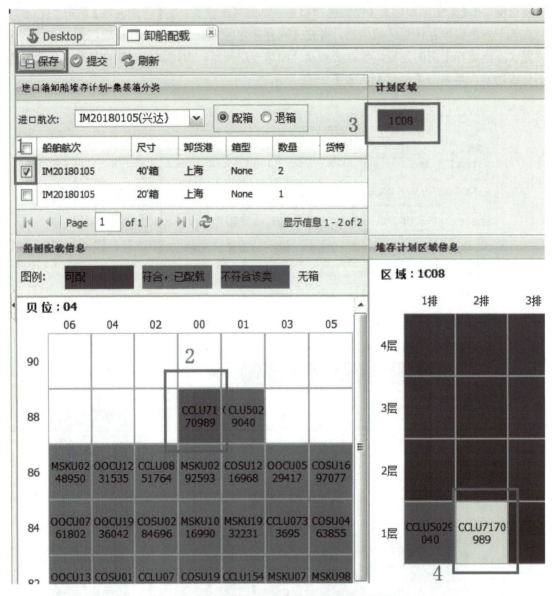

图 2-19 卸船配载（40ft 集装箱 CCLU 7170989）

10. 在【船舶航次】里面勾选 20ft 集装箱信息前面的复选框，在【船图配载信息】里面选择棕色显示的可配位置，在【计划区域】单击"1C03"，会在其下方出现堆存计划区域信息，并在【堆存计划区域信息】中选择最底层中的任意一个位置，再单击【保存】，勾选全部再单击【提交】，如图 2-20 所示。

11. 单击【船舶航次】，选择【月度船期】→【新增】，带星号项为必填信息，录入完成后单击【保存】，如图 2-21 所示。

12. 单击【泊位计划】，选择 001 泊位，拖动鼠标选择预计到港与离港时间，选择完成后会出现橘色部分，双击打开橘色部分，选择船期，单击【保存】→【提交】，如图 2-22 所示。

子项目二　集装箱港口卸船作业方案设计与实施

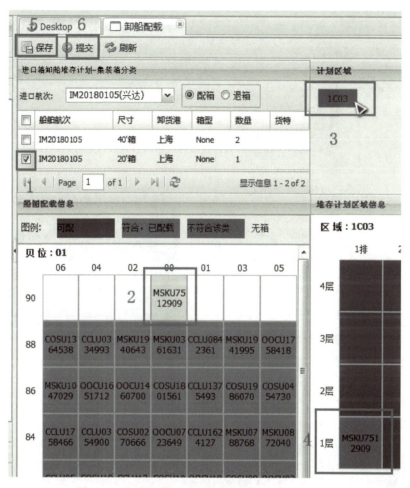

图 2-20　卸船配载（20ft 集装箱 MSKU 7512909）

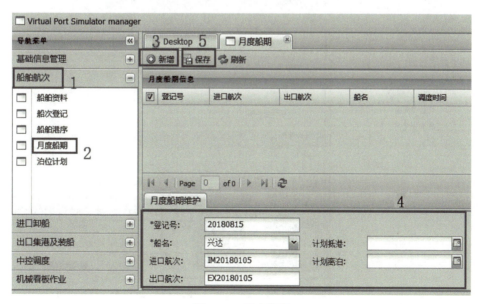

图 2-21　月度船期

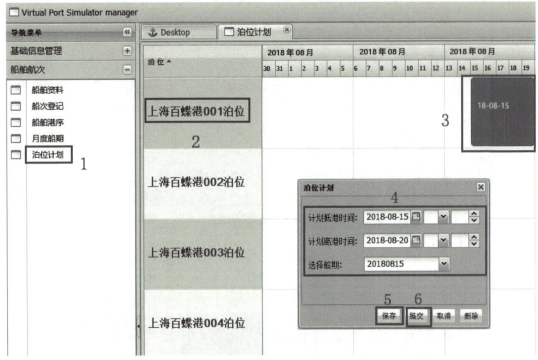

图 2-22　泊位计划

13．单击【中控调度】，选择【龙门吊调度】，在【龙门吊编码】中选择"L03"，在【调度区域】中选择"1C"，然后再单击【保存】，如图 2-23 所示。

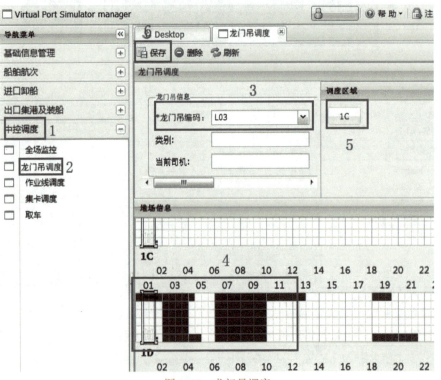

图 2-23　龙门吊调度

14. 单击【作业线调度】→【进口】，选择航次，在【岸桥调度一览】中选择 Q01 部分，在【船贝位调度】中选择 D01 和 D04 部分（与之前船图配载时选择的位置一致），选择成功后会变成蓝色，然后再单击【保存】→【提交】，如图 2-24 所示。

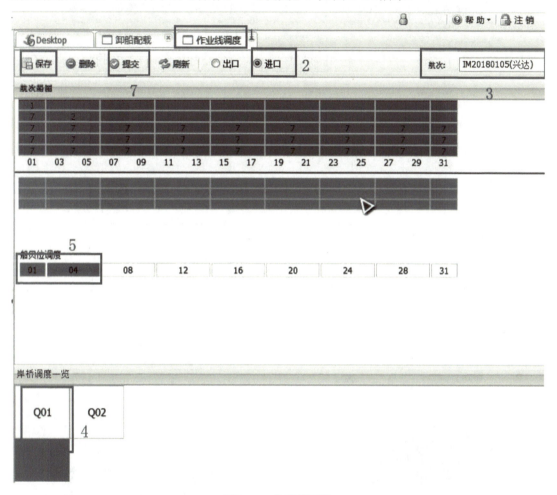

图 2-24　作业线调度

15. 单击【集卡调度】，勾选作业线路 Q01 前面的复选框，单击【要箱车辆】下方的数量部分，会在页面底部出现集卡信息，选择集卡并进行安排（选中数量不得超过最大集卡数），单击【保存】→【提交】，如图 2-25 所示。

16. 按 <Alt> 键退出虚拟计算机，单击 切换人物角色为【内集卡司机】。走近内集卡，按 <Alt> 键上车，单击【开始工作】，会接到岸桥及位置的指示，按 <T> 键挂挡，驾驶内集卡到 Q01 岸桥下，如图 2-26 所示；内集卡行驶至 Q01 岸桥下，单击【就绪】，如图 2-27 所示。

17. 切换人物角色为【岸桥司机】，控制人物走到 Q01 岸桥旁边的楼梯，按 <Alt> 键驾驶岸桥，如图 2-28 所示。进入岸桥驾驶室中，按 <P> 键启动岸桥电源，然后按 <Q> 键进行选位，勾选【出口箱信息】中 20ft 集装箱信息前面的复选框，然后单击【选位】，选位成功后该集装箱会呈黄色高亮显示，如图 2-29 所示。

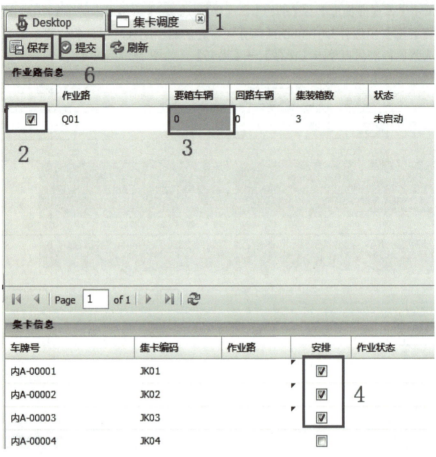

图 2-25 集卡调度

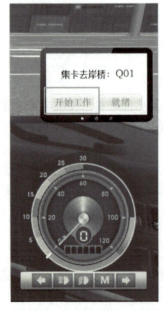 

图 2-26 集卡开始工作　　　　　　　　图 2-27 集卡就绪

子项目二　集装箱港口卸船作业方案设计与实施

图 2-28　驾驶岸桥

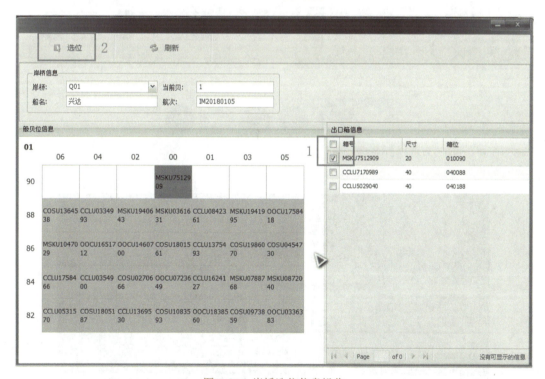

图 2-29　岸桥选位信息操作

18. 使用 <A> 键和 <D> 键控制岸桥大车左右移动，<W> 键和 <S> 键控制小车前后移动，<↑> 键和 <↓> 键控制吊具上升和下降，<O> 键控制集装箱吊具的伸缩，在 20ft 和 40ft 之间切换。<F1><F2> 和 <F3> 键切换视角（正常的操作视角是 <F1><F2> 和 <F3> 视角是为了方便操作而设立的，现实中并不存在）。

19. 调整吊具使其对准黄色高亮显示的集装箱（按 <E> 键可以控制调整的速度，再次

47

按 <E> 键可以恢复至调整前的速度），调整位置至着床灯亮起，说明集装箱吊具已处于最准位置，在此状态下按 <5> 键将集装箱吊具的四个导板放下，按 <6> 键将集装箱与吊具锁在一起，闭锁成功，闭锁灯亮起。然后按 <↑> 键控制吊具上升将集装箱吊起，集装箱处于悬空状态后着床灯变暗，说明该集装箱处于悬空状态且不能够开锁。控制集装箱移动，将集装箱放到岸桥下面的集卡上。集装箱对准卡车上的卡槽后，着床灯亮起，说明可以放下集装箱。按 <5> 键将吊具的四个导板升起，按 <6> 键将集装箱放到卡车上，闭锁灯变暗，开锁灯变亮，说明已经将集装箱放置正确。（按 <空格> 键可以进入锚定状态，锚定状态下吊具只能前后上下移动，不能左右移动，锚定状态下的操作顺序为：①吊车对准贝位；②吊车锚定；③卡车对准吊具位置。同样，取消锚定状态也是按 <空格> 键，此时锚定状态指示灯会变暗。）上升吊具至安全高度，完成该集装箱的岸桥卸船作业，按 <Alt> 键从岸桥上下来。上述操作流程如图 2-30 ～图 2-37 所示。

图 2-30　开始状态

图 2-31　按 <P> 键控制岸桥

图 2-32　着床成功

图 2-33　开锁成功

图 2-34　闭锁成功

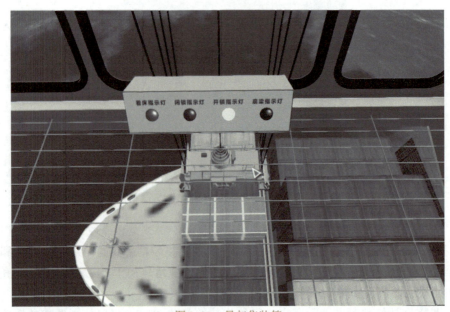
图 2-35　吊起集装箱

子项目二 集装箱港口卸船作业方案设计与实施

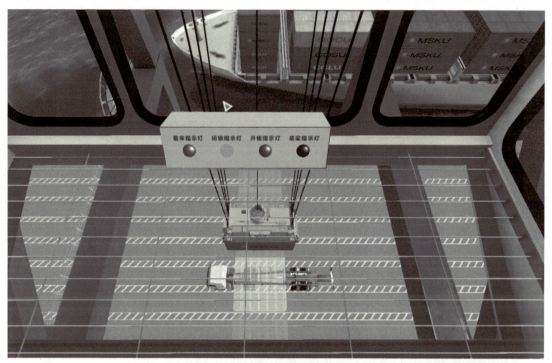

图 2-36 锚定状态

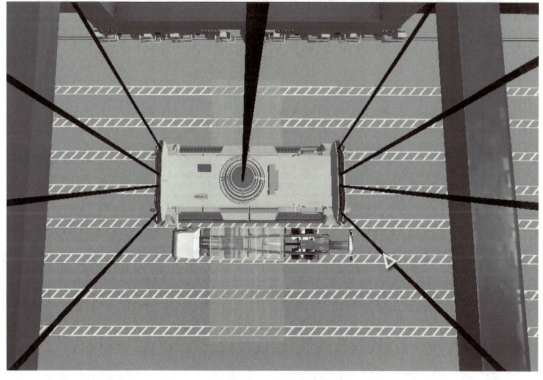

图 2-37 集装箱装车

20. 切换人物角色为【岸边理货员】，按<Q>键打开PDA，双击打开【卸船作业】，在下拉列表中选择岸桥"Q01"及箱号"MSKU7512909"，选择车牌号"内A-00001"，单击【确定】，如图2-38和图2-39所示，按<Q>键收起PDA。

21. 切换人物角色为【内集卡司机】，根据车辆信息提示，驾驶车辆至L03龙门吊，如图2-40所示；将内集卡驾驶至L03龙门吊下，单击【就绪】，如图2-41所示，按<Alt>键结束集卡操作。

图2-38　PDA卸船作业

图2-39　PDA卸船作业信息

图 2-40 集卡作业提示

图 2-41 集卡就绪

22. 下车后，切换人物角色为【龙门吊司机】，来到 L03 号龙门吊下，按 <Alt> 键驾驶龙门吊，如图 2-42 所示；然后按 <P> 键启动龙门吊电源，按 <Q> 键进行选位，任务类别选择【卸船落位】，单击【查询】，勾选集卡信息前面的复选框，在区位剖面图中选择"★1C0311"，最后单击【选位】→【提交】，如图 2-43 所示。

图 2-42 驾驶龙门吊

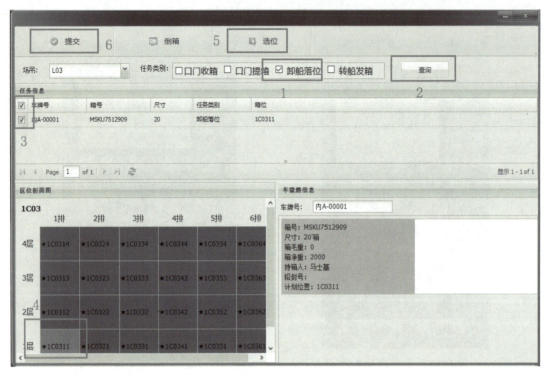

图 2-43　卸船选位操作

23. 驾驶龙门吊将集装箱从集卡车上吊起,按<↑>键升起吊具,将集卡车上的集装箱吊至场箱位的黄色方框位置,调整位置,当"着床"指示灯亮起时,将集装箱放入黄色方框内,然后按<5>键将集装箱将吊具的四个导板放下,按<6>键闭锁吊起集装箱,如图 2-44 和图 2-45 所示。

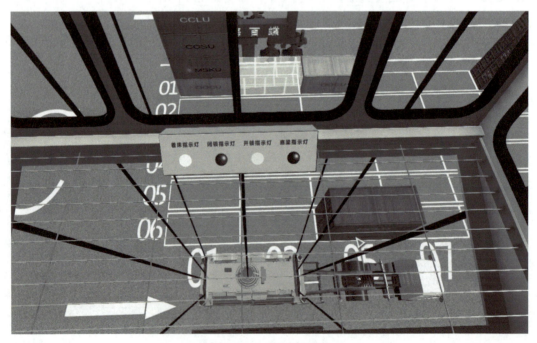

图 2-44　吊起集装箱

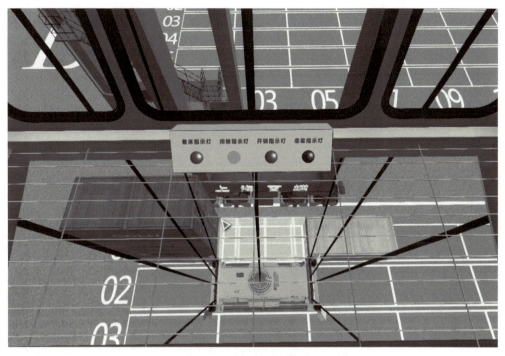

图 2-45 集装箱落座场箱位

24. 切换人物角色为【内集卡司机】,将内集卡开回原位,然后驾驶另一辆内集卡,进行 40ft 集装箱的卸船作业,按 <Alt> 键上车,单击【开始工作】,会接到岸桥及位置的指示信息,按 <T> 键挂挡,驾驶内集卡至 Q01 岸桥,如图 2-46 所示;内集卡行驶至 Q01 岸桥下时,单击【就绪】,如图 2-47 所示。

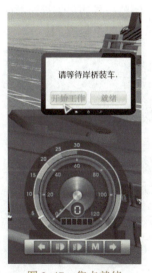

图 2-46 集卡开始工作　　　　　图 2-47 集卡就绪

25. 切换人物角色为【岸桥司机】,控制人物走到 Q01 岸桥旁边的楼梯,按 <Alt> 键操作岸桥。然后按 <P> 键启动岸桥电源,按 <Q> 键进行选位,勾选【出口箱信息】中 40ft 集装箱信息前面的复选框,然后单击【选位】,如图 2-48 所示。

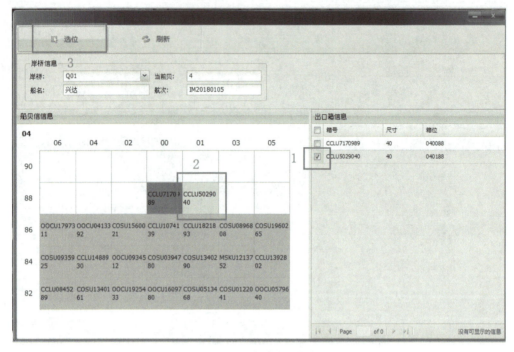

图 2-48 岸桥选位信息

26. 按<↑><↓>方向键进行吊具的上升和下降，调整吊具对准黄色高亮显示的集装箱（按 <E> 键可以控制调整的速度，再次按 <E> 键可以恢复至调整前的速度），按 <O> 键将吊具切换成 40ft，如图 2-49 所示。调整位置至"着床"指示灯亮起，"着床"指示灯变为黄色时按 <5> 键放下吊具的四个导板，按 <6> 键进行开锁，吊好集装箱，闭锁，然后从船上吊起集装箱放至内集卡车上，调整吊具将集装箱对准内集卡车，当"着床"指示灯亮起时开锁。放好集装箱后按 <5> 键升起吊具的四个导板，按 <6> 键开锁，按 <↑> 键升起吊具至安全位置，如图 2-50 所示。

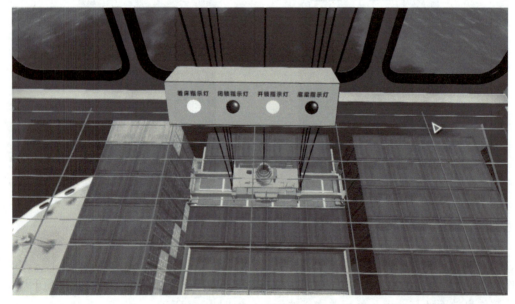

图 2-49　40ft 集装箱卸船

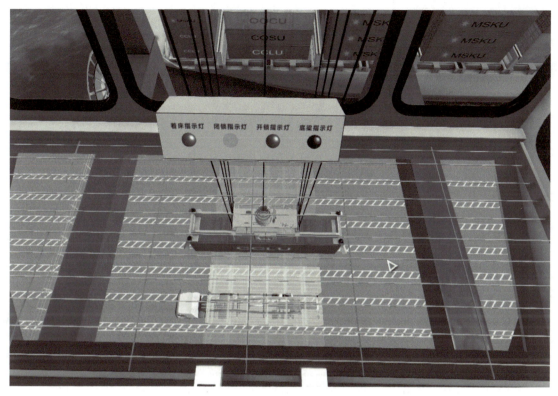

图 2-50　40ft 集装箱卸船装车

27. 切换人物角色为【岸边理货员】，按 <Q> 键打开 PDA，双击打开【卸船作业】，在下拉列表中选择岸桥"Q01"及箱号"CCLU5029040"，选择车牌号"内 A-00002"，单击【确定】，如图 2-51 和图 2-52 所示，按 <Q> 键收起 PDA。

图 2-51　PDA 卸船作业

图 2-52　PDA 卸船作业信息

28. 切换人物角色为【内集卡司机】，根据车辆信息提示，驾驶车辆至 L03 龙门吊，如图 2-53 所示；将内集卡驾驶至 L03 龙门吊下，单击【就绪】，如图 2-54 所示，按 <Alt> 键结束集卡操作。

图 2-53　集卡作业提示

图 2-54　集卡就绪

29. 下车后，切换人物角色为【龙门吊司机】，来到 L03 号龙门吊下，按 <Alt> 键驾驶龙门吊，如图 2-55 所示；然后按 <P> 键启动龙门吊电源，按 <Q> 键进行选位，任务类别选择【卸船落位】，单击【查询】，勾选集卡信息前面的复选框，在区位剖面图中选择"★1C0811"，最后单击【选位】→【提交】，如图 2-56 所示。

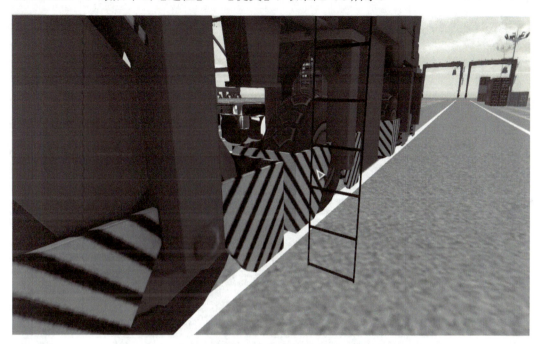

图 2-55　驾驶龙门吊

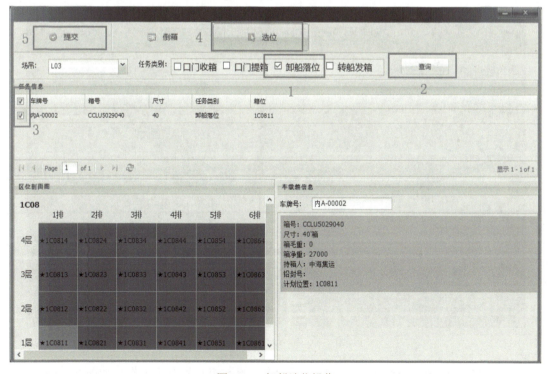

图 2-56　卸船选位操作

30. 驾驶龙门吊将集装箱从集卡上吊起,按<↑>键升起吊具,将集卡上的集装箱吊至场箱位的黄色方框位置,调整位置,当着床灯亮起时,将集装箱放入黄色方框内,然后按<5>键将集装箱吊具的四个导板放下,按<6>键闭锁吊起集装箱,如图2-57和图2-58所示。

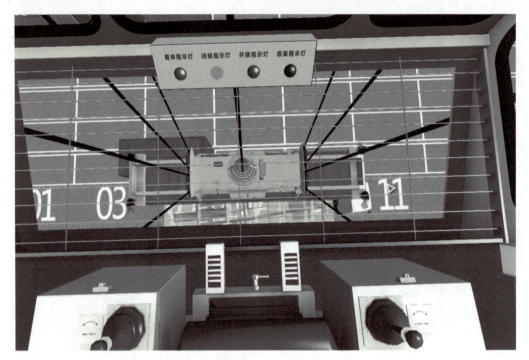

图 2-57　吊起集装箱

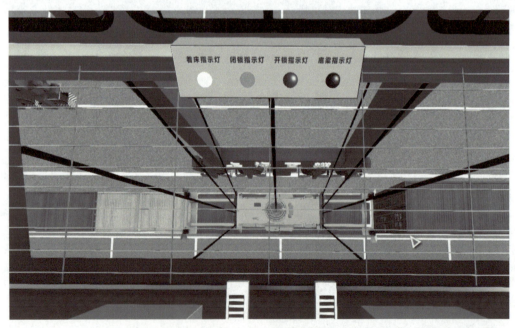

图 2-58　集装箱落座场箱位

31. 按照前面任务的操作方法,完成后续剩余集装箱卸船作业操作,如图2-59所示。

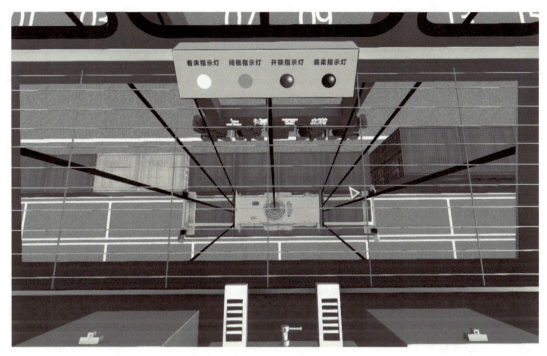

图 2-59 卸船完成

32．将集卡开回停车场，卸船作业完成。

思考题：

1．场箱位编码的规则有哪些？
2．船箱位编码的规则有哪些？
3．制订泊位计划的依据有哪些？

子项目三

集装箱港口重箱出场作业方案设计与实施

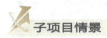 **子项目情景**

"唐晶,你下一个实习的地方是闸口,你对闸口的工作了解吗?"罗浩说道。

"只了解了一些大概,对里面的具体工作内容还不太清楚。"唐晶实话实说。

"走,我带你去看看。"罗浩说。

不一会儿,他们来到了百蝶港闸口,罗浩指着闸口前的外集卡说:"你看到那些集卡了吗?那些集卡都是等着出闸的,你在这个部门熟悉一段时间后,我会安排一票重箱出场的货物,让你独立操作。"

经过一段时间的熟悉,唐晶要独立安排重箱出场作业了,如果你是唐晶,你将如何安排这一系列工作?

 学习目标

【知识目标】
1. 掌握重箱出场作业的流程。
2. 掌握重箱出场预约计划。
3. 熟悉重箱出场所需的单据。

【技能目标】
1. 能够按照项目任务书的要求设计完成重箱出场作业计划方案。
2. 能够灵活运用 ITOS 虚拟运营软件完成重箱出场作业的操作。

【素质目标】
1. 树立严谨认真的工作态度。
2. 培养吃苦耐劳的工作精神。

任务一 集装箱港口重箱出场作业方案设计

知识链接

重箱出场包括一般重箱出场、转关箱重箱出场、退关箱重箱出场、转码头重箱出场、内贸箱重箱出场、超期箱重箱出场、进口拼箱重箱出场等。本书重点讲解一般重箱出场（下文提到的重箱出场，即指一般重箱出场）。

一、集装箱重箱出场地点

集装箱重箱出场是集装箱发放与交接的业务之一。集装箱发放与交接业务主要在集装箱堆场和集装箱货运站完成。

1. 集装箱堆场（Container Yard，CY）

集装箱堆场，也叫场站，是办理集装箱重箱或空箱装卸、转运、保管、交接的重要场所。对于海运集装箱而言，堆场是出口箱集港装船和进口箱卸船交付的暂存之地。为了保证堆场管理效率，通常对堆场区域进行划分。

集装箱前方堆场是集装箱港口靠近水域一侧暂时堆放集装箱的场地，合理利用前方堆场可以加速船舶装卸作业。

集装箱后方堆场是集装箱港口靠陆域一侧堆放集装箱的堆场，也是集装箱重箱或空箱进行交接、保管和堆存的主要场所。

空箱堆场是专门办理空箱收集、保管、堆存或交接的场地，集装箱空箱提箱业务主要在空箱堆场办理。

2. 集装箱货运站（Container Freight Station，CFS）

集装箱货运站是为拼箱货装箱和拆箱的船、货双方办理交接的场所。出口拼箱货在货运站装箱后，由货运站送往集装箱堆场，准备装船；进口拼箱货卸船后，由货运站提重箱，拆箱理货后分拨给收货人。

二、重箱出场作业流程概述

重箱出场作业一般是指进口重箱的出场，它是集装箱港口重箱出场作业最主要的业务内容。对于进口重箱而言，重箱出场业务属于整个进口业务流程中的第二阶段，第一阶段则是卸船作业。港口是一个集疏运的枢纽点，进口业务是一个由集到疏的过程，而"疏"则主要是指在重箱出场阶段，堆场内的集装箱被疏运至社会的过程，因此，这就决定了重箱出场过程的物流特点是随机、离散的。

重箱出场过程一般可分为三个阶段，即计划阶段、收费阶段和作业阶段。在这三个阶段中，重箱出场业务所涉及的部门或单位有客户、受理部、银行、承运人、闸口、堆场装卸机械等，各环节相互依托，环环相扣，其流程和关系如图3-1所示。

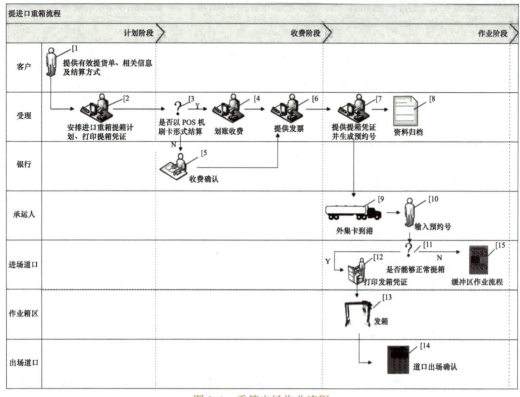

图 3-1 重箱出场作业流程

重箱出场作业流程描述见表 3-1。

表 3-1 重箱出场作业流程描述

编号	岗 位	说 明
1	客户	客户持内容规范的有效提货单，提出申请整箱作业的时间及结算方式要求
2	受理	安排进口重箱提箱计划、打印提箱凭证
3	受理/银行	客户直接刷卡或到银行柜台付账
4	受理	结清费用，提供发票
5	受理	核对相关收费凭证，提供提箱凭证，并生成预约号
6	受理	资料归档
7	承运人	外集卡至港区
8	承运人	司机在进场闸口输入预约号
9	进场闸口	判断能否正常进港
10	进场闸口	如果能够正常进港，根据预约号打印发箱凭证
11	作业箱区	按照作业队列发箱
12	出场闸口	核对计算机信息、设备交接单与重箱实际情况，确认无误后，收取设备交接单和发箱凭证，系统出场确认，开具出门证
13	进场闸口	如不能正常进港，进入缓冲区办理提箱手续（详见缓冲区办理提箱作业流程）

三、重箱出场涉及的单证

（一）交货记录

交货记录又称总单，用以记录同一票集装箱的提取情况，是集装箱堆场或集装箱货运站在向收货人交付货物时，用以证明双方已完成货物的交接并记录交接状态的单证，交货记录是集装箱进口业务的主要单证之一。有效的交货记录一共有 5 联，分别是到货通知书联、提货单联、费用账单（一）（二）联、交货记录联。

交货记录的流转程序如下：

（1）船舶代理人在收到进口货物单证资料后，在国外进口船舶联检后（支线船抵港后）72h 内，向收货人发送"到货通知书"。

（2）收货人或其代理人在收到"到货通知书"后，凭正本提单向船舶代理人换取"交货记录"，船舶代理人在"提货单"上加盖提货专用章，连同"费用账单""交货记录"共 5 联交给收货人。

（3）收货人或其代理人持"提货单""费用账单""交货记录"等 5 联以及进口货物有关信息，向海关申报。海关验收后在"提货单"的规定栏内加盖放行章。同时办妥其他有关手续。

（4）收货人及其代理人凭交货记录联来港区提箱。

（二）集装箱设备交接单

微课 3-1　设备交接单

设备交接单（Equipment Interchange Receipt，E/R or EIR），是集装箱进出港口、场站时集装箱所有人与用箱人之间交接集装箱及设备的凭证，是集装箱运输的基本单证之一。

设备交接单既是管箱人发放、回收集装箱（或用箱人提取、还回集装箱）的凭证，也是证明双方交接时集装箱状态的凭证及划分双方责任、义务和权利的依据，同时又能帮助集装箱所有人掌握集装箱分布动态，加强箱务管理。在集装箱运输各环节交接时均应制作并签收设备交接单。此单证通常由箱主或其代理人签发给用箱人，用箱人据此向场站领取或送还集装箱及设备。

1．设备交接单的组成

各类管箱人（集装箱船公司、租赁公司等）一般都会印制自己的设备交接单，其内容大同小异，分为出场（OUT）和进场（IN）两种。这两种设备交接单各有 3 联，分别如下：

第 1 联：箱主或箱管代理留底联（白色）。

第 2 联：码头或堆场联（红色）。

第 3 联：用箱人或运箱人联（橘黄色）。

2．设备交接单的内容及缮制

集装箱设备交接单的正面填写内容主要有用箱人/运箱人、提箱地点、发往地点、返回/收箱地点、船名/航次、集装箱号、铅封号、提单号、进出场状态、进出场检查记录等。其背面印有划分管箱人和用箱人之间责任的使用或租用集装箱合同条款。条款的主要内容有使用方、使用集装箱期间的费用、损坏或丢失时的责任划分、对第三者造成损害时的赔偿责任等。

（1）用箱人/运箱人栏。此栏由船舶代理人填写，列明责任方或委托方。

责任方是指对集装箱使用过程中的损坏或丢失负有赔偿责任并负责支付集装箱超期使用费用的一方，或与海上承运人或其代理人签订集装箱使用合同的一方。责任方可以是货方、货方代理人、受货方委托的内陆（水路、公路、铁路）承运人，或根据委托关系向海上承运人或其代理人提供集装箱检验、修理、清洗、租赁、堆存等服务的单位。

委托方是指委托责任方进行内陆运输的一方。委托方可以是货方或货方代理人，也可以是内陆（水路、公路、铁路）承运人。责任方可要求船方或其代理人将委托方列明于本栏内。

（2）提箱地点栏。此栏填报待提集装箱所在堆场名称。

进口拆箱由船舶代理人填写，出口装箱由港区、场、站填写，因检验、修理、清洗、租赁、堆存、转运出口而提离有关港区、场、站的空箱由船舶代理人填写。

（3）发往地点栏。此栏进口拆箱由船舶代理人填写，出口装箱由运箱人填写。

该栏是实施集装箱动态管理的重要栏目。船舶代理人通过对该栏目信息的计算统计分析，能随时掌握口岸集装箱的分布情况，为生产和管理提供决策依据。

（4）来自地点栏。此栏进口拆箱由船舶代理人填写，出口装箱由运箱人填写。

（5）返回/收箱地点栏。此栏进出口全部由船舶代理人填写。

用箱人/运箱人或港区、场、站必须严格按《集装箱设备交接单》规定的地点还箱、收箱。收箱地点必须符合《上海口岸国际集装箱场、站管理办法实施细则》的规定向用箱人/运箱人提供服务。

（6）船名/航次栏。此栏进出口全部由船舶代理人填写。

（7）集装箱号栏。此栏进口拆箱由船舶代理人填写，出口装箱除指定箱号外，由港区、场、站填写。

（8）尺寸/类型栏。此栏进出口全部由船舶代理人填写。

（9）营运人栏。此栏进出口全部由船舶代理人填写。

营运人栏是港区、场、站对集装箱进行管理的主要依据。在集装箱设备交接单签发后，如果营运人发生变更，必须由船舶代理人及时通知港区、场、站。

（10）提单号栏。此栏进口拆箱由船舶代理人填写，出口装箱由运箱人要求装箱点填写。

凡货运站交付或拼箱交货的进出口集装箱，只需在该栏内列明一票提单号码。

（11）铅封号栏。此栏进口拆箱由船舶代理人填写，出口装箱由运箱人要求装箱点填写。

（12）免费期限栏。此栏进出口全部由船舶代理人填写。

（13）运载工具牌号栏。此栏进出口全部由运箱人填写。填写时必须列明内陆承运人单位简称及承运车辆牌号。

（14）出场目的/状态栏。此栏由船舶代理人填写。

（15）进场目的/状态栏。此栏由船舶代理人填写。

（16）出场日期栏。此栏由港区、场、站道口填写，填写时必须按24h写法。

（17）进场日期栏。此栏由港区、场、站道口填写。

（18）出场检查记录栏。出场检查由运箱人与港区、场、站道口工作人员联合进行，如有异状，由港区、场、站道口工作人员注明程度及尺寸。

（19）进场检查记录栏。进场检查由运箱人与港区、场、站道口工作人员联合进行，如有异状，由港区、场、站道口工作人员注明程度及尺寸。

集装箱进出场责任划分，交接前由交方承担，交接后由接方承担。

（20）用箱人/运箱人签署栏。此栏由运箱人签署，姓名应写全名。

（21）港口/堆场值班员签署栏。此栏由港区、场、站道口工作人员签署、姓名应写全名。

集装箱发放/设备交接单的正面样式见表3-2和表3-3。

表3-2 集装箱发放/设备交接单（1）

中国××××××外轮代理有限公司
CHINA OCEAN SHIPPING AGENCY××××××

集装箱发放/设备交接单　　　　　　　　　　　　IN 进场
EQUIPMENT INTERCHANGE RECEIPT

NO.

用箱人/运箱人（CONTAINER USER/HAULIER）	提箱地点（PLACE OF DELIVERY）

来自地点（WHERE FROM）	返回/收箱地点（PLACE OF RETURN）

船名/船次（VESSEL/VOYAGE NO.）	集装箱号（CONTAINER NO.）	尺寸/类型（SIZE/TYPE）	营运人（CNTR. OPTR.）

提单号（B/L NO.）	铅封号（SEAL NO.）	免费期限（FREE TIME PERIOD）	运载工具牌号（TRUCK, WAGON, BARGE NO.）

出场目的/状态（PPS OF GATE-OUT/STATUS）	进场目的/状态（PPS OF GATE-IN/STATUS）	进场日期（TIME-IN）
		月　日　时

进场检查记录（INSPECTION AT THE TIME OF INTERCHANGE）

普通集装箱（GP CONTAINER）	冷藏集装箱（RF CONTAINER）	特种集装箱（SPECIAL CONTAINER）	发电机（GEN SET）
□正常（SOUND） □异常（DEFECTIVE）	□正常（SOUND） □异常（DEFECTIVE）	□正常（SOUND） □异常（DEFECTIVE）	□正常（SOUND） □异常（DEFECTIVE）

损坏记录及代号（DAMAGE & CODE）　　BR 破损（BROKEN）　　D 凹损（DENT）　　M 丢失（MISSING）　　DR 污箱（DIRTY）　　DL 危标（DG LABEL）

左侧（LEFT SIDE）　　右侧（RIGHT SIDT）　　前部（FRONT）　　集装箱内部（CONTAINER INSIDE）

顶部（TOP）　　底部（FLOOR BASE）　　箱门（REAR）

如有异状，请注明程度及尺寸（REMARK）

除列明者外，集装箱及集装箱设备交接时完好无损，铅封完整无误。
THE CONTAINER/ASSOCIATED EQUIPMENT INTERCHANGED IN SOUND CONDITION AND SEAL INTACT UNLESS OTHERWISE STATED

用箱人/运箱人签署　　　　　　　　　　港口/堆场值班员签署
（CONTAINER USER/HAULIER'S SIGNATURE）　　（TERMINAL/DEPOT CLERK'S SIGNATURE）

表 3-3 集装箱发放/设备交接单（2）

中国××××××外轮代理有限公司
CHINA OCEAN SHIPPING AGENCY××××××

集装箱发放/设备交接单　　　　　　　　　　OUT 出场
EQUIPMENT INTERCHANGE RECEIPT

NO.

用箱人/运箱人（CONTAINER USER/HAULIER）		提箱地点（PLACE OF DELIVERY）	
发往地点（DELIVERED TO）		返回/收箱地点（PLACE OF RETURN）	
船名/船次（VESSEL/VOYAGE NO.）	集装箱号（CONTAINER NO.）	尺寸/类型（SIZE/TYPE）	营运人（CNTR.OPTR.）
提单号（B/L NO.）	铅封号（SEAL NO.）	免费期限（FREE TIME PERIOD）	运载工具牌号（TRUCK,WAGON,BARGE NO.）
出场目的/状态（PPS OF GATE-OUT/STATUS）		进场目的/状态（PPS OF GATE-IN/STATUS）	出场日期（TIME-IN） 月　日　时

出场检查记录（INSPECTION AT THE TIME OF INTERCHANGE）

普通集装箱（GP CONTAINER）	冷藏集装箱（RF CONTAINER）	特种集装箱（SPECIAL CONTAINER）	发电机（GEN SET）
□ 正常（SOUND） □ 异常（DEFECTIVE）	□ 正常（SOUND） □ 异常（DEFECTIVE）	□ 正常（SOUND） □ 异常（DEFECTIVE）	□ 正常（SOUND） □ 异常（DEFECTIVE）

损坏记录及代号（DAMAGE & CODE）　BR 破损（BROKEN）　D 凹损（DENT）　M 丢失（MISSING）　DR 污箱（DIRTY）　DL 危标（DG LABEL）

左侧（LEFT SIDE）　右侧（RIGHT SIDE）　前部（FRONT）　集装箱内部（CONTAINER INSIDE）

顶部（TOP）　底部（FLOOR BASE）　箱门（REAR）　如有异状，请注明程度及尺寸（REMARK）

除列明者外，集装箱及集装箱设备交接时完好无损，铅封完整无误。
THE CONTAINER/ASSOCIATED EQUIPMENT INTERCHANGED IN SOUND CONDITION AND SEAL INTACT UNLESS OTHERWISE STATED

用箱人/运箱人签署　　　　　　　　港口/堆场值班员签署
（CONTAINER USER/HAULIER'S SIGNATURE）　　（TERMINAL/DEPOT CLERK'S SIGNATURE）

3. 设备交接单的使用及流转程序

在实际业务中，设备交接单主要有三方当事人，分别为管箱人或箱主单位（对集装箱进行管理）、堆场（对集装箱进行交接）和用箱人（对集装箱进行使用）。不管是集装箱提箱出场还是还箱进场，设备交接单的使用及流转过程如下：

（1）用箱人向箱主或其代理人提出用（还）箱申请。

（2）箱主或其代理人填制签发设备交接单（3联，每箱一份），交给用箱人。

（3）由用箱人或运箱人据此单证（3联）到堆场办理提（还）箱手续。

（4）堆场经办人（作为箱主的代理人）核单，双方查验箱体签字后，用箱人或运箱人提（还）集装箱及设备，堆场经办人同时将第3联（用箱人联）退还用箱人或运箱人。

（5）堆场经办人自留第2联（码头堆场联），并将第1联（箱主联）退还箱主单位。

集装箱设备交接单是划分箱体责任的唯一单证，因此在提走（或还回）集装箱时，交接双方应按单上条款及时查验损坏情况，分清责任。

在审核设备交接单的过程中，由于其三方当事人所代表的利益不同，因此审单的侧重点也有所区别。对箱主单位或箱管代理来说，其审核的主要内容有用箱人、集装箱来自地点、返回或收箱地点、船名和航次、箱型和箱类、集装箱经营人、提单号、费用和期限、进出场目的和状态；对堆场来说，其审核的主要内容有集装箱进出场时间、进出场集装箱外表状况、拖箱人、拖车号是否与单证记载一致、提单单是否有效等；对用箱人（运箱人）来说，其审核的主要内容有拖车牌号、运箱人拖箱时间和地点、拖箱时集装箱外表状况、所拖集装箱种类和规格是否与单证记载一致等。

特别应注意，设备交接单一经正式签收，任何一方不得随意涂改，如需要更改，应办理更正手续，并由箱主单位或箱管代理在设备交接单上加盖更改章。

方案设计任务书

方案设计任务书	
子项目名称	集装箱港口重箱出场作业方案设计
任务描述	借助 ITOS 虚拟运营软件，通过完成进口集装箱货物的重箱出场作业，达到熟练掌握重箱出场作业流程的目的
任务成果	集装箱港口重箱出场作业设计方案 ITOS 虚拟运营软件操作规范正确
模仿训练内容	"顺河"号集装箱船隶属于百蝶远洋运输集装箱有限公司，2018年3月5日，"顺河"号靠泊百蝶港。港口闸口是集装箱港口物流系统的重要组成部分，特别是对闸口进出型港口而言，闸口的布局、通过能力及通过效率直接影响港口物流系统的作业能力和作业效率。随着集装箱吞吐量的不断增长，港口闸口的优化配置已成为业内共同关注的主要问题。但优化闸口的同时，更应关注集装箱港口闸口的业务操作。在闸口检验过程中，单证信息的核对检验尤为重要，其中包括了集装箱设备交接单和装箱单，从案例和百蝶港 ITOS 中搜集相关信息，补充完成这两种单据的信息，依此检验对单据的审查能力。请按任务要求填写下列2个集装箱的设备交接单和装箱单信息（查询不到的信息可以空缺）。 其中，集装箱卸船信息见下表： 卸船信息表 {{TABLE}} 任务要求： 1. 请填写集装箱号为 MSKU5730753 的集装箱设备交接单 2. 请填写集装箱号为 COSU4679816 的提箱小票 3. 请填写集装箱号为 MSKU5730753 的预约单 注：由于本航次船舶卸载量巨大，故只需对卸船信息表中的集装箱进行卸船，其他集装箱的装卸船作业由系统自动完成

箱号	尺寸/箱型	空重	重量/KG	卸货港	交接方式
MSKU5730753	20GP	F	16 000	上海	进口重箱，堆场提箱
COSU4679816	40GP	F	21 000	上海	进口重箱，堆场提箱

（续）

方案设计任务书	
强化训练内容	"远泰"号集装箱船隶属于百蝶远洋运输集装箱有限公司，2018年3月5日，"远泰"号靠泊百蝶港。港口闸口是集装箱港口物流系统的重要组成部分，特别是对闸口进出型港口而言，闸口的布局、通过能力及通过效率直接影响港口物流系统的作业能力和作业效率。随着集装箱吞吐量的不断增长，港口闸口的优化配置已成为业内共同关注的主要问题。但优化闸口的同时，更应关注集装箱港口闸口的业务操作。在闸口检验过程中，单证信息的核对检验尤为重要，其中包括了集装箱设备交接单和装箱单，从案例和百蝶港 ITOS 中搜集相关信息，补充完成这两种单据的信息，依此检验对单据的审查能力。请按任务要求填写下列 2 个集装箱的设备交接单和装箱单信息（查询不到的信息可以空缺） 其中，集装箱卸船信息见下表： **卸船信息表** | 箱号 | 尺寸/箱型 | 空重 | 重量/KG | 卸货港 | 交接方式 | |---|---|---|---|---|---| | CCLU5367304 | 20GP | F | 2 000 | 上海 | 进口重箱，堆场提箱 | | COSU8225771 | 40GP | F | 23 000 | 上海 | 进口重箱，堆场提箱 | 任务要求： 1. 请填写集装箱号为 CCLU5367304 的集装箱设备交接单 2. 请填写集装箱号为 COSU8225771 的提箱小票 3. 请填写集装箱号为 CCLU5367304 的预约单 注：由于本航次船舶卸船量巨大，故只需对卸船信息表中的集装箱进行装卸船，其他集装箱的装卸船作业由系统自动完成
子项目方案设计任务书说明	
	针对教学任务书给出的学习训练任务数据，学生首先在课堂中和教师一起学习重箱出场作业的相关理论知识，熟悉 ITOS 虚拟运营软件的操作方法和流程，然后根据教师的课堂演示进行模仿练习，最后结合知识链接中的知识、管理技能、附录 C 中的方案模板和学习训练任务数据进行方案设计

微课 3-2　重箱出场作业方案设计

任务二　集装箱港口重箱出场作业方案实施

技能链接

堆场堆存能力的计算

集装箱堆场的存储能力，不仅与装卸机械作业的高度有关，还与堆场总的堆存面积有关。例如有的龙门吊起重机可以堆放 4 层，也有的可以堆放 5 层，堆高机也可以堆放 4 层或 5 层。因此，在计算堆场堆存能力时，如果机械只能堆 4 层，却按 5 层计算，那么实际操作将无法实施；如果机械可以堆 5 层，却按堆 4 层计算，那么就会造成堆场空间的浪费。

同一个场箱位,不能将集装箱堆放至满层,必须在每个场箱位靠边的 1～2 行上留出足够的空位,作为在装卸作业时(特别是取箱时)翻箱之用。例如,想取出底层的集装箱,就必须把底层集装箱上方的所有集装箱移开,才能取出。根据经验,堆放 4 层,预留 3 个翻箱位;堆放 5 层,预留 4 个翻箱位。堆放 6 层,预留 5 个翻箱位。6 列 4 层,理论上有 24 个箱位,扣除 3 个翻箱位之后,实际堆放 21 个集装箱;6 列 5 层共计 30 个理论箱位,实际堆放 26 个集装箱。

集装箱堆场的存储能力,不仅与堆场总的堆存面积有关,还受限于装卸机械作业高度。根据堆场区位划分,统计堆场共分为几个区,每段贝、列、层分别是多少,则实际堆存能力 = 箱区数 × 贝数 ×(排数 × 层数 – 翻箱位数量)。

方案实施指导书

微课 3-3　重箱出场作业方案实施

1. 在【课程内容】中选择课程【子项目三　重箱出场作业方案设计与实施】→【任务二　重箱出场作业方案实施】,在右侧选择【重箱出场作业方案实施(教师演示)】,并单击【进入任务】,人物角色选择【港口调度员】,单击【确定】后进入 3D 仿真场景,如图 3-2 所示。

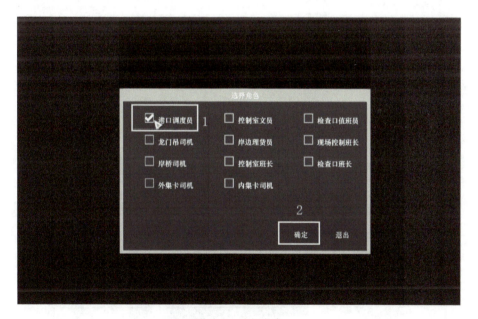

图 3-2　选择角色

2. 人物出现在中控室,走近计算机,根据提示按 <Alt> 键操作计算机。

3. 打开虚拟计算机界面上的●进入船舶管理系统,依次选择【中控调度】→【龙门吊调度】,在【龙门吊编码】下拉列表中选择 "L01" 龙门吊,在【堆场信息】中选择 1A 箱区,在【调度区域】中选择 "1A",单击【保存】,按 <Alt> 键退出计算机操作,如图 3-3 所示。

4. 切换人物角色为【外集卡司机】,按 <M> 键打开导航地图,双击鼠标左键将人物传送至集装箱货运站，进入集装箱货运站办公室，走近计算机，光标对准椅子，根据提示按 <Alt> 键操作计算机，双击打开虚拟计算机界面上的■进入集卡管理系统，在【提箱预约】中勾选 20ft 集装箱信息前面的复选框，单击【预约】→【打印】，然后按 <Alt> 键退出计算机。光标对准左边的打印机，按住 <Ctrl> 键的同时按鼠标左键拿起打印好的单据，出门靠左手边会看到集卡公司取车点，根据提示按 <Alt> 键操作取车机，单击【取车】，在【车辆信息列表】中勾选 20ft 集装箱信息前面的复选框，再单击【取车】，然后按 <Alt> 键结束取车操作，如图 3-4 ～图 3-8 所示。

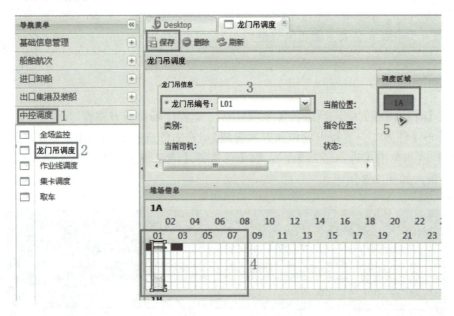

图 3-3　龙门吊调度

图 3-4　集装箱货运站办公计算机

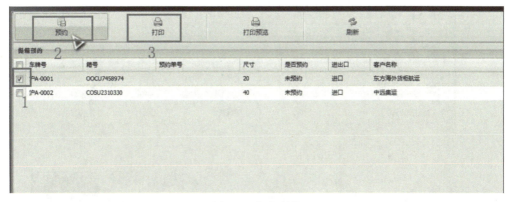

图 3-5 集卡预约

图 3-6 取车点

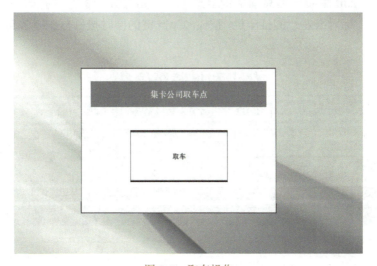

图 3-7 取车操作

5. 人物来到集装箱货运站的站台外面，可以看到已经预约好的车辆，走进集卡，按 <Alt> 键操作集卡，按 <T> 键挂挡，驾驶集卡去百蝶港，如图 3-9 所示。

71

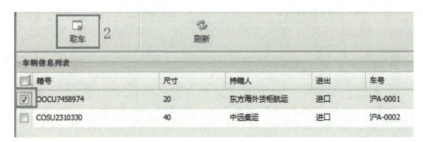

图 3-8 取车完成（20ft 集装箱）

图 3-9 外集卡

6. 驾驶车辆来到百蝶港，根据地面提示，选择 8 个提箱进场通道中任意一个，将外集卡驾驶到闸口旁边，按 <Alt> 键下车，进入检查口办公室，根据提示按 <Alt> 键操作计算机，计算机上会显示集卡和集装箱信息，单击【确认】，如图 3-10 所示。单击【查询】，勾选【预约选箱确认】中 20ft 集装箱信息前面的复选框，单击【开闸】→【打印小票】，按 <Alt> 键退出计算机。光标对准左边的打印机，按住 <Ctrl> 键的同时按鼠标左键拿起打印好的小票，如图 3-11 所示。

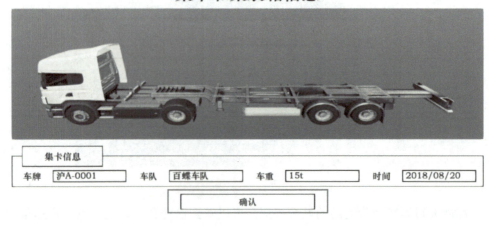

图 3-10 确认集卡和集装箱信息

子项目三　集装箱港口重箱出场作业方案设计与实施

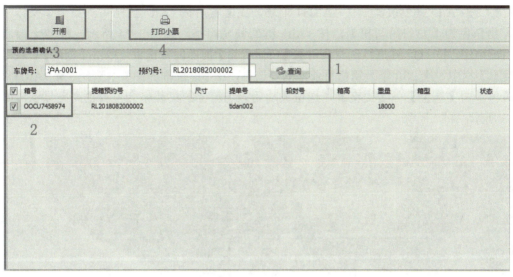

图 3-11　开闸

7. 在任务栏中单击打开单据，如图 3-12 所示；选择【提箱小票】，双击打开，查看提箱小票的详细信息并确认集装箱的场箱位为 1A0111，如图 3-13 所示。然后在任务栏中单击"单据"按钮，收起单据。

图 3-12　打开单据

图 3-13　查看提箱小票

8．按 <Alt> 键驾驶集卡去 1A0111 堆场，到位置后按 <Alt> 键结束外集卡车操作，切换人物角色为【龙门吊司机】，按 <Alt> 键驾驶龙门吊，如图 3-14 所示；按 <P> 键启动龙门吊电源，按 <Q> 键进行选位，勾选【口门提箱】前面的复选框，单击【查询】，在【任务信息】栏中勾选 20ft 集装箱信息前面的复选框，在【区位剖面图】中选择"★1A0111"，然后再单击【选位】→【提交】，选位成功后该场箱位的集装箱会呈黄色高亮显示，如图 3-15 所示。

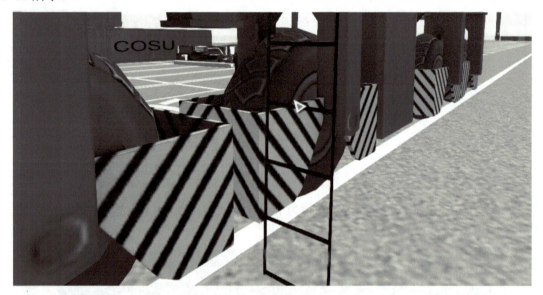

图 3-14　驾驶龙门吊

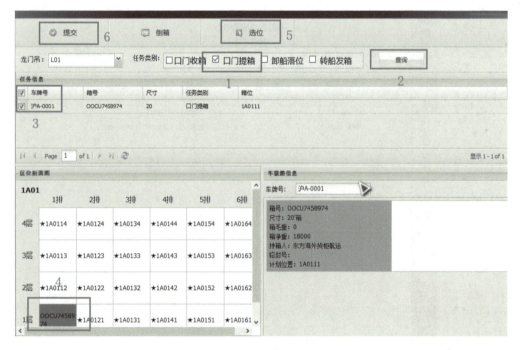

图 3-15　提箱选位

9. 按 <W><S><A><D> 键和键盘方向键操作龙门吊，将集装箱从 1A0111 堆龙门吊起放到集卡上，按 <Alt> 键结束操作，如图 3-16 和图 3-17 所示（按 <F1><F2><F3> 切换视角，便于吊箱）。

图 3-16　吊起集装箱（20ft 集装箱）

图 3-17　集装箱装车（20ft 集装箱）

10. 切换人物角色为【外集卡司机】，将外集卡开回集装箱货运站（根据闸口地面信息及箭头提示，驾驶外集卡从提箱出场的 8 个闸口通道中的任意一个闸口驶出），外集卡行驶至检查口办公室处，按 <Alt> 键下车，走进检查口办公室，根据提示按 <Alt> 键操作计算机，此时计算机上会出现集卡和集装箱信息，单击【开闸】，如图 3-18 所示。返回集卡，按 <Alt> 键驾驶外集卡回到集装箱货运站，按 <Alt> 键下车。

图 3-18　开闸

至此，20ft 集装箱的出场操作就完成了，接下来进行 40ft 集装箱的出场操作。

11. 控制人物进入集装箱货运站的办公室，走近计算机，光标对准椅子，根据提示按 <Alt> 键操作计算机，在【提箱预约】勾选 40ft 集装箱信息前面的复选框，单击【预约】→【打印】，然后按 <Alt> 键退出计算机。光标对准左边的打印机，按住 <Ctrl> 键的同时按鼠标左键拿起打印好的单据，出门靠左手边会看到集卡公司取车点，根据提示按 <Alt> 键操作取车机，单击【取车】，在【车辆信息列表】中勾选 40ft 集装箱信息前面的复选框，再单击【取车】，然后按 <Alt> 键结束取车操作，如图 3-19～图 3-23 所示。

图 3-19　集装箱货运站办公计算机

图 3-20　集卡预约

图 3-21　取车点

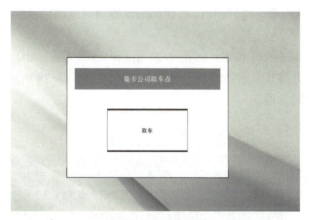

图 3-22　取车操作

图 3-23　取车完成（40ft 集装箱）

12. 人物来到集装箱货运站的站台外面，可以看到已经预约好的车辆，走进集卡，按<Alt>键操作集卡，按<T>键挂挡，驾驶集卡去百蝶港，如图3-24所示。

图3-24 外集卡

13. 驾驶车辆到百蝶港，根据地面提示，选择8个提箱进场通道中任意一个，将外集卡驾驶到闸口旁边，按<Alt>键下车，进入检查口办公室，根据提示按<Alt>键操作计算机，计算机上会显示集卡和集装箱信息，单击【确认】，如图3-25所示。单击【查询】，勾选【预约选箱确认】中40ft集装箱信息前面的复选框，单击【开闸】→【打印小票】，按<Alt>键退出计算机。光标对准左边的打印机，按住<Ctrl>键的同时按鼠标左键拿起打印好的小票，如图3-26所示。

14. 在任务栏中单击打开单据，如图3-27所示；选择【提箱小票】，双击打开，查看提箱小票的详细信息并确认集装箱的场箱位为1A0411，如图3-28所示。然后在任务栏中单击"单据"按钮，收起单据。

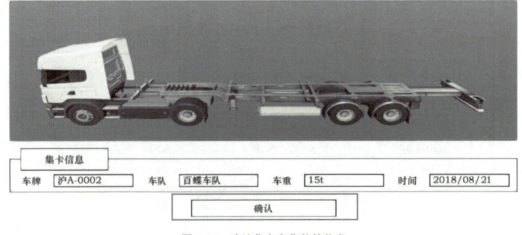

图3-25 确认集卡和集装箱信息

子项目三　集装箱港口重箱出场作业方案设计与实施

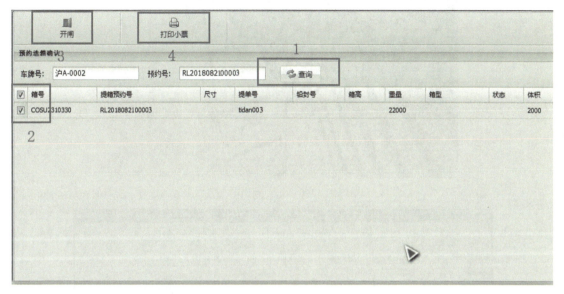

图 3-26　开闸

图 3-27　打开单据

	百蝶远洋集装箱运输有限公司-港口		
	提箱小票		
作业号	ST082100003		
箱号	COSU2310330	船名	兴达
箱型	普通	航次	IM20180305
尺寸	40	状态	出重
场箱位	1A0411	车牌号	沪A-0002
箱重	22000	进场时间	8/21/2018 11:23:00 AM

图 3-28　查看提箱小票

15．按 <Alt> 键驾驶外集卡去 1A0411 堆场，到位置后按 <Alt> 键结束集卡车操作，切换人物角色为【龙门吊司机】，按 <Alt> 键驾驶龙门吊，如图 3-29 所示；按 <P> 键启动龙门吊电源，按 <Q> 键进行选位，勾选【口门提箱】前面的复选框，单击【查询】，在【任务信息】栏中勾选 40ft 集装箱信息前面的复选框，在【区位剖面图】中选择"★1A0411"，然后再单击【选位】→【提交】，选位成功后该场箱位的集装箱会呈黄色高亮显示，如图 3-30 所示。

79

图 3-29　驾驶龙门吊

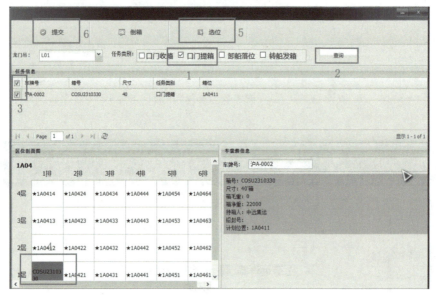

图 3-30　提箱选位

16. 按 <W><S><A><D> 键和键盘方向键操作龙门吊，将集装箱从 1A0411 堆龙门吊起放到集卡上，按 <Alt> 键结束操作，如图 3-31 和图 3-32 所示（按 <F1><F2><F3> 切换视角，便于吊箱）。

图 3-31　吊起集装箱（40ft 集装箱）

子项目三　集装箱港口重箱出场作业方案设计与实施

图 3-32　集装箱装车（40ft 集装箱）

17. 切换人物角色为【外集卡司机】，将外集卡开回集装箱货运站（根据闸口地面信息及箭头提示，驾驶外集卡从提箱出场的 8 个闸口通道中的任意一个闸口驶出），外集卡行驶至检查口办公室处，按 <Alt> 键下车，走进检查口办公室，根据提示按 <Alt> 键操作计算机，此时计算机上会出现集卡和集装箱信息，单击【开闸】，如图 3-33 所示。

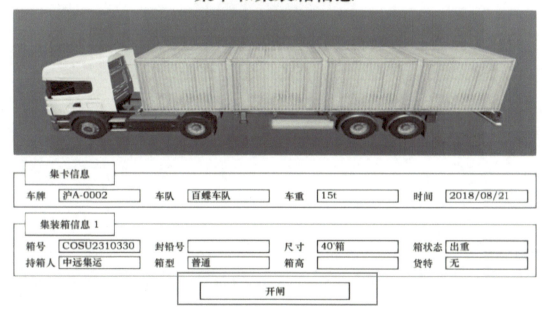

图 3-33　开闸

18. 返回集卡，按 <Alt> 键驾驶外集卡回到集装箱货运站，如图 3-34 所示，重箱出场作业操作完成。

图 3-34 集卡开回货运站

思考题：

1. 重箱出场的地点有哪些？
2. 重箱出场作业流程有哪些？
3. 重箱出场涉及的单证有哪些？

子项目四

集装箱港口重箱进场作业方案设计与实施

 **子项目情景**

"唐晶，你接下来要实习的内容是重箱进场业务操作。"罗浩说。

"师傅，我知道重箱进场作业的流程是什么，重箱进场作业是将集装箱货运站托运人交给我们承运的货物用外集卡运至百蝶港，通过闸口送到堆场，然后龙门吊司机操作龙门吊将集装箱吊至堆场，外集卡司机将外集卡开回集装箱货运站。"唐晶说道。

"嗯，说对了，但那些只是你看到的，你跟我在这里再学习一段时间，所谓实践出真知嘛。"罗浩说。

一个月后，罗浩安排了一次重箱进场作业任务，要求唐晶独立完成该任务。如果你是唐晶，你将如何安排这一系列工作？

 学习目标

【知识目标】

1. 掌握重箱进场的相关概念。
2. 掌握出口箱堆场的原则。
3. 熟悉出口箱进场计划的作用。
4. 熟悉堆场出口计划的职责。

【技能目标】

1. 能够自行设计出准确完整的重箱进场作业计划方案。
2. 能够灵活运用 ITOS 虚拟运营软件完成重箱进场作业的操作。

【素质目标】

1. 树立严谨认真的工作态度。
2. 培养安全第一、兼顾效率的职业精神。

任务一　集装箱港口重箱进场作业方案设计

知识链接

装船出口的集装箱必须在船舶到港前提前进场，做好装船准备，所以集装箱港口计划部门必须预先编制出口箱进场计划。出口箱进场计划是根据船名、航次、出口箱信息资料、并结合集装箱港口堆场当前的实际情况编制的。当前国内大多数集装箱港口的集港天数均为4天，且堆存计划一般是日计划，即每天中午12点开始制订第二天的进场计划。同时，需在当天综合考虑未来几天集装箱进出堆场的情况。每个航次每天集港的比例不同，一般情况为第一天集港较少，第二天稍多，第三天最多，第四天较少。

一、重箱进场相关概念

重箱进场是指发货人或集装箱货运站将出口装船的重箱和中转出口重箱运至港口堆场，准备装船。中转出口重箱就是转港口的重箱。重箱需要转港口，是因为进口船舶所靠的港口与中转出口的船舶所靠的港口不是同一个，因此，需要借助陆路运输完成转港口的操作。

闸口的工作人员在收到验箱员所批注的信息后，必须认真检查批注信息和审核集卡司机提供的文件、单证的有效性，测定集装箱的重量，然后对箱号、箱型、车牌号、箱状态、船名、航次、卸货港、中转港、提单号、货物件数、重量等信息进行核对。不同的港口具体的操作不同，对一般出口重箱进场需持的单证也有所不同，有的需要设备交接单，有的需要装箱单，有的则两者都需要。

进场重箱超过一定重量的，不能进场。集装箱太重不仅容易对箱体结构造成损害，而且容易对港口的装卸机械埋下安全隐患，不同的港口根据自己港口机械的安全负荷有不同的重量规定。

转港口的重箱进场，需集卡司机凭盖有海关验讫章的集装箱转港口海关申报单及设备交接单到闸口办理手续，闸口输单员输入车号、箱号，港口操作系统会自动显示其他信息。

微课 4-1　出口箱堆场计划

二、出口箱场地堆放原则

出口集装箱堆放跟集装箱的箱型、货物种类、空重以及场地机械密切相关。

1. 箱型与货种对出口箱的堆放要求

（1）不同尺寸的出口箱应分开堆放。20ft、40ft 和 45ft 的出口箱，在箱区中不能在同一个位内混合堆放，且 40ft 的出口箱一般应堆放在箱区的两头。

（2）危险品箱进危险品箱区。每个集装箱港口都有专门的危险品箱区，危险品箱应按照隔离要求分开堆放。

（3）冷藏箱进冷藏箱区。由于冷藏箱需要插电工作，所以每个集装箱港口都有专门的冷藏箱区，所有冷藏箱只能堆放在专门的箱区中。在冷藏箱区中，不同尺寸的集装箱可以混合堆放。

（4）超限箱等进超限箱区。超限箱、台架箱和框架箱应进超限箱区，超限箱一般只能堆1层高，且不同尺寸可以混合堆放。超限箱超出的宽度如果大于30cm，相邻列不能堆放集装箱；超出的长度如果大于50cm，相邻贝不能堆放集装箱。

2．场地机械对出口箱的堆放要求

（1）箱区堆高应小于场地机械的作业高度。对于龙门吊作业工艺，如果龙门吊的作业能力为堆四过五，则箱区只能堆4层高，如图4-1所示。

（2）满足安全要求。出口箱堆放时，相邻排的孤立层高之差应小于3，以保证集装箱的堆放安全，错误的堆放方式如图4-2所示。

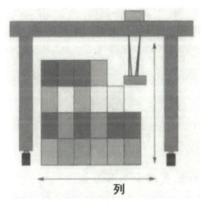
图4-1　龙门吊作业工艺

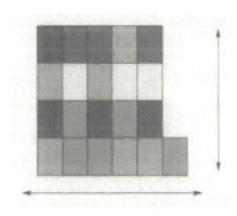
图4-2　错误的堆放方式

3．箱区的进箱要求

（1）一般情况下，箱区堆放顺序按箱区由小位到大位顺序堆放。

（2）如果在箱区的两头同时进箱，一头由小位到大位进箱，另一头由大位到小位进箱。

（3）进箱时，在同一位内的进箱顺序为从远离车道排到靠近车道排。例如车道为第7列，则进箱应从第1列到第7列。

三、出口箱进场计划的作用

出口箱进场计划是出口箱业务中最基础和核心的环节。合理的出口箱进场计划将为船舶配载、装船时设备的调度奠定良好的基础；反之，出口箱的无序堆存将为配载和设备调度带来很大困难。在出口箱贝位堆存状态杂乱的情况下，即使对发箱顺序和设备调度策略进行优化，也无法保证装船作业的流畅性。同时，由于出口箱进场计划发生在出口箱进场之前，合理的出口箱进场计划有利于从整体上把握集装箱堆存的合理性，对出口箱的集港堆存具有宏观指导作用。因此，出口箱进场计划也是出口箱后续业务有效组织的前提和基础。由于出口箱进场是通过承运人将不同地方的集装箱在不同的时间运送至港口，所以对于堆场来说，出口箱是分散进场，如图4-3所示。

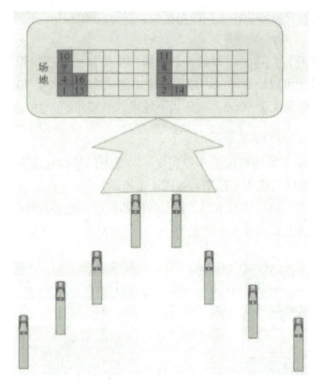

图 4-3　出口箱分散进场

合理的集装箱进场计划将会给港口、船公司、承运人带来诸多益处：

（1）降低港口营运成本。合理的出口箱进场计划有助于提高堆场利用率、减少场地机械的移动距离和转场次数、降低翻箱率，进而有助于降低港口的营运成本。

（2）降低港口机械能耗。由于场地机械来回移动次数、转场次数和翻箱率的降低，相关能耗和污染的排放也将会降低。

（3）降低船舶在港时间。合理的出口箱进场计划将有助于装船时多作业通道并行作业，这对提高装船效率、降低船舶在港时间具有积极作用。

（4）降低外集卡车在港停留时间。合理的集装箱进场计划将有助于减少外集卡车在场地机械下的排队时间，进而降低了其在港停留时间。

（5）提高港口服务质量。评价港口服务质量的两个重要指标为船舶在港时间和外集卡车在港停留时间，这两个指标值的降低，充分表明了港口服务质量的提高。

四、堆场出口计划的职责

（1）对即将靠泊的船舶，检查该船舶上的集装箱在堆场上的位置是否合理，如不合理，应及早更改。

（2）根据未来出口箱的情况、泊位位置、岸桥的使用情况，预先为即将卸船到堆场的集装箱安排位置。

（3）针对船期更改、舱位不够、船舶转船转港等原因，及时更改集装箱在堆场的位置。

子项目四 集装箱港口重箱进场作业方案设计与实施

方案设计任务书

微课 4-2 重箱进场作业方案设计

方案设计任务书		
子项目名称	集装箱港口重箱进场作业方案设计	
任务描述	借助 ITOS 虚拟运营软件，通过完成出口集装箱货物的重箱进场作业，达到熟练掌握重箱进场作业流程的目的	
任务成果	集装箱港口重箱进场作业设计方案 ITOS 虚拟运营软件操作规范正确	
模仿训练内容	2018 年 3 月 5 日，"顺河"号需要在百蝶港靠泊装船，请在 3 月 4 日之前为"顺河"号涉及的出口箱安排好堆场箱位 注：本次船舶预安排在 1# 泊位，船舶停靠装卸时间较短，需要加快装船速度（安排在靠近 1# 泊位的出口箱区） 其中，出口箱进场信息见下表：	

出口箱进场信息表

箱号	船名	船期	进场要求	箱型 / 尺寸	备注	卸货港	重量 /t
MSKU2934727	顺河	3 月 5 日	3 月 1 日 9:00 ～ 3 月 1 日 19:00	20GP		宁波	15
COSU5088058	顺河	3 月 5 日	3 月 2 日 16:00 ～ 3 月 2 日 22:00	40GP		洛杉矶	19

任务要求：
1. 根据附录 D——箱区规划信息及任务要求为本次进场的 2 个集装箱安排合适的箱区
2. 根据出口箱进场信息及堆放原则安排出口箱的堆放顺序
3. 根据出口箱堆放的原则，合理安排出口箱箱位
注：由于本航次船舶装卸量巨大，故只需对出口箱进场信息表中的集装箱进行装卸船，其他集装箱的装卸船作业由系统自动完成

强化训练内容	2018 年 3 月 5 日，"远泰"号需要在百蝶港靠泊装船，请在 3 月 4 日之前为"远泰"号涉及的出口箱安排好堆场箱位 注：本次船舶预安排在 1# 泊位，船舶停靠装卸时间较短，需要加快装船速度（安排在靠近 1# 泊位的出口箱区） 其中，出口箱进场信息见下表：

出口箱进场信息表

箱号	船名	船期	进场要求	箱型 / 尺寸	备注	卸货港	重量 /t
CCLU6108376	远泰	3 月 5 日	3 月 2 日 10:00 ～ 3 月 2 日 19:00	20GP		宁波	15
OOCU9945077	远泰	3 月 5 日	3 月 3 日 5:00 ～ 3 月 3 日 22:00	40GP		名古屋	19

任务要求：
1. 根据附录 D——箱区规划信息及任务要求为本次进场的 2 个集装箱安排合适的箱区
2. 根据出口箱进场信息及堆放原则安排出口箱的堆放顺序
3. 根据出口箱堆放的原则，合理安排出口箱箱位
注：由于本航次船舶装卸量巨大，故只需对出口箱进场信息表中的集装箱进行装卸船，其他集装箱的装卸船作业由系统自动完成

子项目方案设计任务书说明

针对教学任务书给出的学习训练任务数据，学生首先在课堂中和教师一起学习重箱进场作业的相关理论知识，熟悉 ITOS 虚拟运营软件的操作方法和流程，然后根据教师的课堂演示进行学习训练，最后结合知识链接中的知识、管理技能、附录 C 中的方案模板和学习训练任务数据进行方案设计

任务二　集装箱港口重箱进场作业方案实施

技能链接

特种箱区的管理

对于敞顶箱、台架箱、平台箱、通风箱等特种箱必须堆放在特种箱区；四超箱（超高、超长、超宽、超重）的堆放通常限于一层高，并采用相应的特种箱操作工艺作业。

微课 4-3　重箱进场作业方案实施

方案实施指导书

1. 在【课程内容】中选择课程【子项目四　重箱进场作业方案设计与实施】→【任务二　重箱进场作业方案实施】，在右侧选择【重箱进场作业方案实施（教师演示）】，并单击【进入任务】，人物角色选择【港口调度员】，单击【确定】后进入 3D 仿真场景。

2. 人物出现在中控室，走近计算机，根据提示按 <Alt> 键操作计算机。

3. 打开虚拟计算机界面上的 ● 进入船舶管理系统，依次选择【出口集港及装船】→【出口舱单录入】，在下拉列表中选择出口航次，勾选出口舱单信息，单击【提交】，如图 4-4 所示。

图 4-4　出口舱单录入

4. 单击【出口箱进场计划】，选择出口航次，单击【分类】，勾选 40ft 的集装箱信息前面的复选框，箱区选择"1A"并选择 10 贝位（注意，20ft 的集装箱用奇数表示，40ft 的集装箱用偶数表示），龙门吊作业区域选择"1A10"，再单击【保存】，如图 4-5 所示。

5. 勾选 20ft 的集装箱信息前面的复选框，在 1A 箱区中选择 07 贝位，龙门吊作业区域选择"1A07"，单击【保存】；然后在【船舶航次】里面同时勾选 20ft 和 40ft 集装箱进口航次信息，再单击【提交】，如图 4-6 所示。

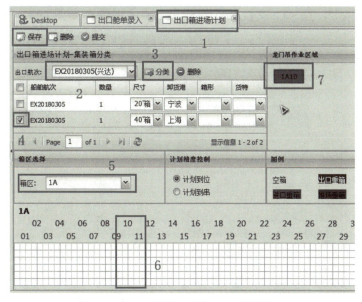

图 4-5　出口箱进场计划（40ft 集装箱）

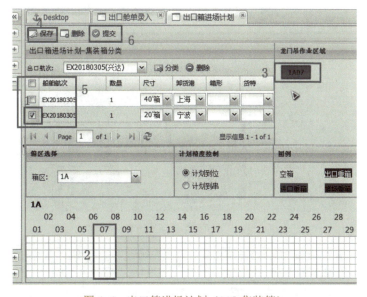

图 4-6　出口箱进场计划（20ft 集装箱）

6. 单击【中控调度】，选择【龙门吊调度】，在【龙门吊编码】下拉列表中选择"L01"龙门吊，在【堆场信息】中选择1A箱区，并在【调度区域】中选择"1A"，再单击【保存】，按 <Alt> 键退出计算机操作，如图 4-7 所示。

7. 切换人物角色为【外集卡司机】，按 <M> 键打开导航地图，双击鼠标左键将人物传送至集装箱货运站，会看到集卡公司取车点，根据提示按 <Alt> 键操作取车机，单击【取车】，如图 4-8 和图 4-9 所示。在【车辆信息列表】中勾选 20ft 集装箱信息前面的复选框，再单击【取车】，然后按 <Alt> 键结束取车操作，如图 4-10 所示。

8. 人物来到集装箱货运站的站台外面，可以看到已经装好集装箱的车辆，走进集卡，

按 <Alt> 键操作集卡，按 <T> 键挂挡，驾驶集卡去百蝶港，如图 4-11 所示。

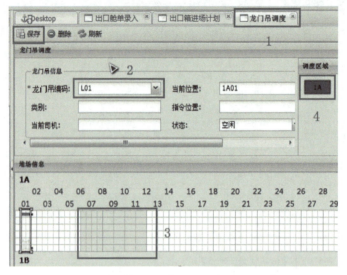

图 4-7　龙门吊调度

图 4-8　取车点

图 4-9　取车操作

子项目四 集装箱港口重箱进场作业方案设计与实施

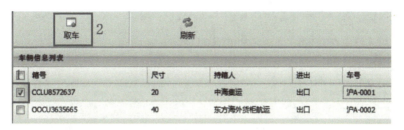

图 4-10 取车完成（20ft 集装箱）

图 4-11 外集卡

9．驾驶车辆来到百蝶港，根据地面提示，选择 8 个进场通道中的任意一个，将外集卡驾驶到闸口旁边，按 <Alt> 键下车，进入检查口办公室，根据提示按 <Alt> 键操作计算机，计算机上会显示集卡和集装箱信息，单击【确认】，如图 4-12 所示。单击【查询】，勾选【出口箱信息】中 20ft 集装箱信息前面的复选框，选择【计划区域】→【自动选位】→【开闸】→【打印小票】，按 <Alt> 键退出计算机。光标对准左边的打印机，按住 <Ctrl> 键的同时按鼠标左键拿起打印好的小票，如图 4-13 所示。

图 4-12 确认集卡和集装箱信息

91

图 4-13　选位和开闸

10. 在任务栏中单击打开单据，如图 4-14 所示；选择【收箱小票】，双击打开，查看收箱小票的详细信息并确认集装箱的场箱位为 1A0711，如图 4-15 所示。然后在任务栏中单击"单据"按钮，收起单据。

图 4-14　打开单据

图 4-15　查看收箱小票

11. 按 <Alt> 键驾驶外集卡去 1A0711 堆场，到位置后按 <Alt> 键结束外集卡操作，切换人物角色为【龙门吊司机】，按 <Alt> 键驾驶龙门吊，如图 4-16 所示；按 <P> 键启动龙门吊电源，按 <Q> 键进行选位，勾选【口门收箱】前面的复选框，单击【查询】，在【任务信息】栏中勾选 20ft 集装箱信息前面的复选框，在【区位剖面图】中选择"★1A0711"，然后再单击【选位】→【提交】，选位成功后该场箱位的集装箱会呈黄色高亮显示，如图 4-17 所示。

图 4-16　驾驶龙门吊

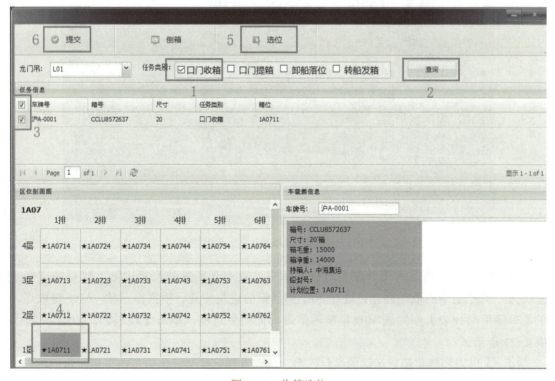

图 4-17　收箱选位

12. 按<W><S><A><D>键和键盘方向键操作龙门吊,将集装箱从集卡上吊起放到1A0711堆场上,按<Alt>键结束龙门吊操作,如图4-18和图4-19所示。(按<F1><F2><F3>切换视角,便于吊箱)。

图4-18　吊起集装箱(20ft集装箱)

图4-19　集装箱落座场箱位(20ft集装箱)

13. 切换人物角色为【外集卡司机】,将外集卡开回集装箱货运站,然后在取车点进行另一辆外集卡的取车操作,进行40ft集装箱的进场作业。根据提示按<Alt>键取车,在【车辆信息列表】中勾选40ft集装箱信息前面的复选框,单击【取车】,如图4-20和图4-21所示。

14. 人物来到集装箱货运站的站台外面,可以看到已经装好集装箱的车辆,走进集卡,按<Alt>键操作集卡,按<T>键挂挡,驾驶集卡去百蝶港,如图4-22所示。

图 4-20 操作取车机

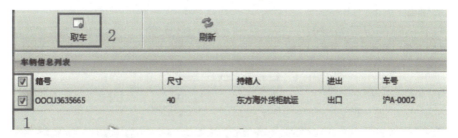

图 4-21 取车操作

图 4-22 外集卡（40ft 集装箱）

15．驾驶车辆到百蝶港，根据地面提示，选择 8 个进场通道中任意一个，将外集卡驾驶到闸口旁边，按 <Alt> 键下车，进入检查口办公室，根据提示按 <Alt> 键操作计算机，计算机上会显示集卡和集装箱信息，单击【确认】，如图 4-23 所示。单击【查询】，勾选【出口箱信息】中 40ft 集装箱信息前面的复选框，单击【自动选位】→【开闸】→【打印小票】，按 <Alt> 键退出计算机。光标对准左边的打印机，按住 <Ctrl> 键的同时按鼠标左键拿起打印好的小票，如图 4-24 所示。

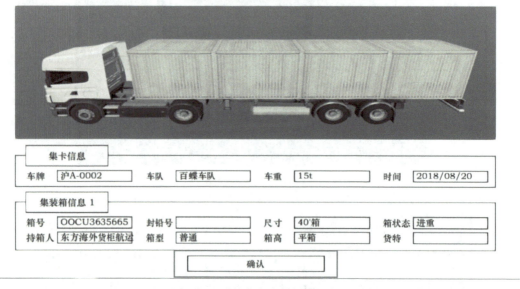

图 4-23　确认集卡和集装箱信息

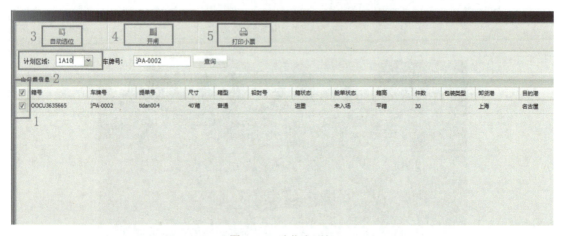

图 4-24　选位和开闸

16. 在任务栏中单击打开单据，如图 4-25 所示；选择【收箱小票】，双击打开，查看收箱小票的详细信息并确认集装箱的场箱位为 1A1011，如图 4-26 所示。然后在任务栏中单击"单据"按钮，收起单据。

图 4-25　打开单据

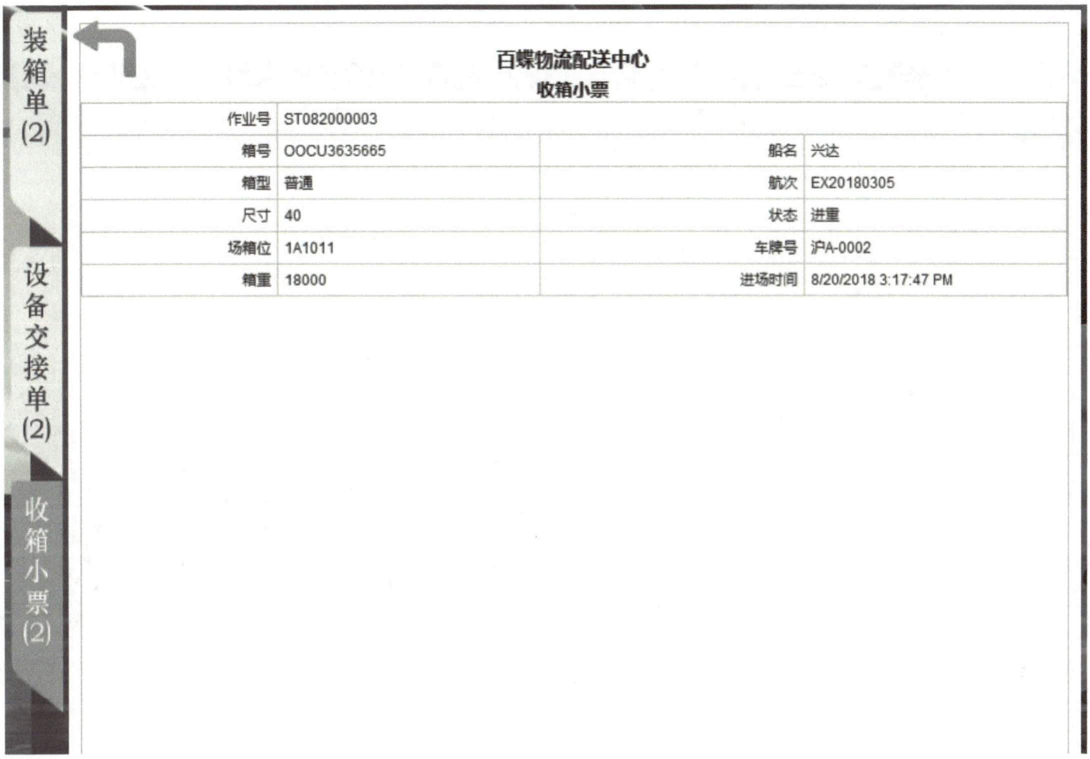

百蝶物流配送中心

收箱小票

作业号	ST082000003		
箱号	OOCU3635665	船名	兴达
箱型	普通	航次	EX20180305
尺寸	40	状态	进重
场箱位	1A1011	车牌号	沪A-0002
箱重	18000	进场时间	8/20/2018 3:17:47 PM

图 4-26　查看收箱小票

17. 按 <Alt> 键驾驶外集卡去 1A1011 堆场，到位置后按 <Alt> 键结束外集卡操作，切换人物角色为【龙门吊司机】，按 <Alt> 键驾驶龙门吊，如图 4-27 所示；按 <P> 键启动龙门吊电源，按 <Q> 键进行选位，勾选【口门收箱】前面的复选框，单击【查询】，在【任务信息】栏中勾选 40ft 集装箱信息前面的复选框，在【区位剖面图】中选择“★ 1A1011”，然后再单击【选位】→【提交】，选位成功后该场箱位的集装箱会呈黄色高亮显示，如图 4-28 所示。

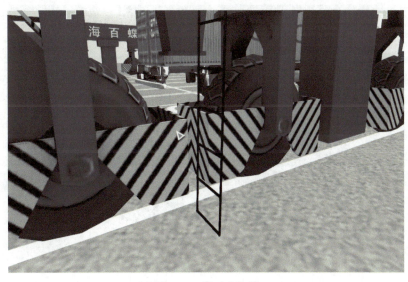

图 4-27　驾驶龙门吊

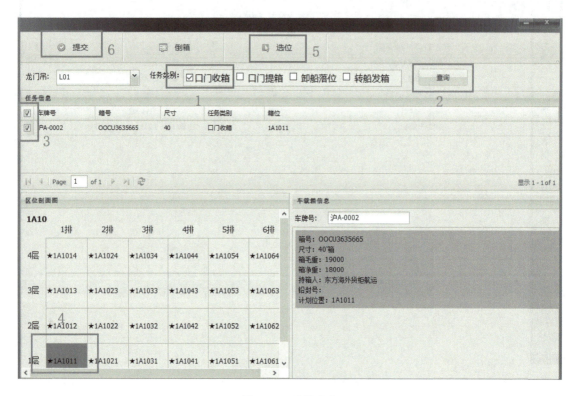

图 4-28　收箱选位

18. 按 \<W\>\<S\>\<A\>\<D\> 键和键盘方向键操作龙门吊，吊起集装箱放到 1A1011 堆场上，按 \<Alt\> 键结束龙门吊操作，如图 4-29 和图 4-30 所示。然后将外集卡开回集装箱货运站，此次重箱进场作业操作结束。

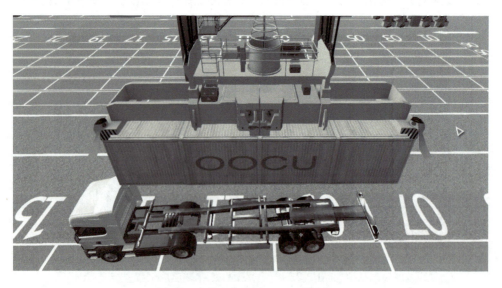

图 4-29　吊起集装箱（40ft 集装箱）

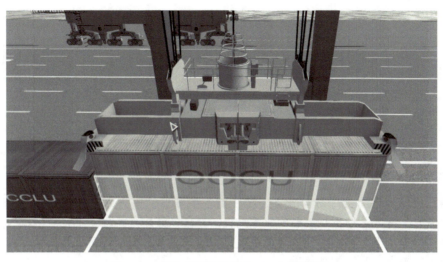

图 4-30　集装箱落座场箱位（40ft 集装箱）

思考题：

1. 重箱进场的原则有哪些？
2. 出口箱进场计划的作用有哪些？
3. 重箱进场涉及的单证有哪些？

子项目五
集装箱港口装船作业方案设计与实施

子项目情景

唐晶已经基本学习完了进口业务,现在准备学习出口业务。罗浩让唐晶自己通过对进口卸船业务的了解来总结出口装船的业务流程。"出口装船是将堆场上将要出口的集装箱用龙门吊吊至内集卡上,再由内集卡司机将集装箱运至岸桥,由岸桥司机操作岸桥将内集卡上的集装箱吊至船上。"唐晶总结道。

"基本流程就是这个样子的,你先观察学习装船作业一段时间,看看具体怎么操作。"罗浩说。

由于唐晶已经熟悉了卸船作业的流程,所以装船作业实习很快就上手了,用了一个月的时间就已经基本掌握了装船作业的流程,也得到了罗浩难得的一次表扬。

接下来罗浩安排了一次出口装船作业任务,要求唐晶独立完成。如果你是唐晶,你将如何安排这一系列工作?

学习目标

【知识目标】
1. 掌握装船作业基本流程。
2. 熟悉装船作业的主要内容。
3. 熟悉装船作业过程中应注意的问题。

【技能目标】
1. 能够根据项目任务书的要求设计出完整的装船作业计划方案。
2. 能够灵活运用 ITOS 虚拟运营软件完成装船作业的操作。

【素质目标】
1. 树立严谨认真的工作态度。
2. 培养吃苦耐劳的工作精神。

任务一　集装箱港口装船作业方案设计

知识链接

出口装船前,必须为出口箱安排合适的船上位置,这个过程称之为配载。配载是配载计划员的主要工作内容。配载的好坏,关系到船舶的航行安全和港口的作业效率。配载没有一定的操作范式,需要配载计划员综合考虑多种信息,进行权衡取舍,最终编制出有效的配载计划图。

一、集装箱船图

（一）集装箱船图的概念

船图一般由总图、贝位图（Bay Plan）、特种箱清单等部分组成。贝位图是船图的核心部分，按船舶贝位顺序记录了船舶所载集装箱的实际船箱位和主要的箱信息。如果是特种箱，还应标有相应的特种信息，如温控箱标有设定温度、危险品箱标有危险品等级等。现在大多数船进口船图都通过 EDI（电子数据交换）传输，但为了进口资料录入的准确性，不管是纸质形式还是 EDI 形式的资料，都需要船公司提供进口的总图和箱信息（如箱量汇总、特种箱清单等）。

微课 5-1　集装箱船图

船公司一般会对订舱单进行分类整理，编制计划配载图，又称预配图或配载计划。港口的配载人员会根据预配图、港口单船作业要求以及堆场堆垛原则、各种可能发生的情况等，编制出实配图。装船结束后，外理公司理货员会根据实际装船情况编制出船图，此船图称为积载图，又称最终积载图。集装箱船的船图分预配图、实配图和最终积载图三种。简而言之，船图就是反映集装箱在船上所处位置的图。

（二）集装箱船图的分类

1. 预配图（Pre-stowage Bay Plan）

预配图是船公司、船舶代理的集装箱配载中心或船舶大副，根据该船舶、该航次分类整理出的订舱单来编制，然后将其传递给集装箱港口配载人员。预配图由字母图、重量图、特殊箱图三张图构成。

（1）字母图（Letter Plan）。字母图表示在本港装船的集装箱到各港口的集装箱的数量、装载位置、作业顺序。

（2）重量图（Weight Plan）。重量图用来表示每个集装箱的总重量，单位为吨。

（3）特殊箱图（Special Container Plan）。特殊箱图也称冷藏箱和危险货物箱图，用于反映特殊集装箱的情况。

2. 实配图（Container Terminal Bay Plan）

预配图只是对待装船集装箱在船上的装载位置按不同卸货港做了一个初步的分配，而实配图规定了不同卸货港的集装箱的装载位置，并且对同一卸货港的各个集装箱的具体装载位置（箱位）有明确规定。所以，实配图是港口现场操作的指导性文件，是港口装卸作业的依据。

集装箱船的实配图由两张图组成，一张是封面图，另一张是每一贝的贝位图。

（1）封面图（Cover Plan）。封面图是一份反映集装箱船整体装卸计划的图样，分装箱图和卸箱图两种。

（2）贝位图（Bay Plan or Hatch Print）。贝位图是一份反映该贝位具体装箱情况的图样，是港口现场作业的指导文件，贝位图为每个贝位一张。

3. 最终积载图（Stowage Bay Plan or Final Stowage Bay Plan）

最终积载图又称主积载图，反映集装箱船实际装卸情况的最终结果，也是计算集装箱船的稳性、吃水差和强度的依据。

（三）集装箱船图的表示方法

1. 预配图

集装箱船的预配图由以下三个部分组成：

第一幅：字母图。船图上每个箱位内用 1 个英文字母表示该箱的卸箱港，如 K 代表神户港（KOBE），L 代表长滩港（LONG BEACH），N 代表纽约港（NEWYORK），H 代表休斯敦港（HOUSTON）等，一般在预配图中有注明。例如 K 表示该集装箱的卸货港为神户港。

第二幅：重量图。在图上每个箱位内用阿拉伯数字表示、以吨为单位计算的集装箱总重。如 9 表示该集装箱的总重量为 9t 以上。

第三幅：特殊箱图。该图上所配的均为冷藏箱和危险货物箱，在图上的箱位内，用英文字母"R"表示冷藏箱，并按照《国际海运危险货物规则》规定的危险等级，用阿拉伯数字表示危险货物箱。

2. 实配图

集装箱的实配图是由两种图组成：一种是封面图，另一种是每一贝位图。封面图，即船图总图，只有一幅，通常在图上标注集装箱的卸箱港和特殊集装箱的标记。贝位图，即分贝图，一般用不同的颜色表示不同的卸货港，如图 5-1 所示。

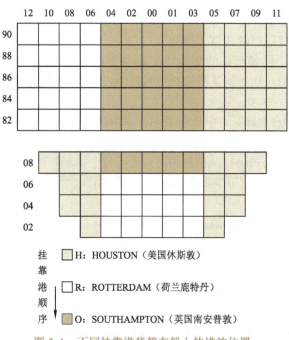

图 5-1 不同挂靠港货箱在船上的堆放位置

每一张贝位图均由甲板和舱内两部分组成，在甲板和舱内的每一个舱位图格内，都应标注以下内容：

1）集装箱箱号。集装箱箱号由箱主代码和 7 个阿拉伯数字组成，箱主代码由 4 个大写的英文字母构成。

2）集装箱重量和箱高。集装箱的数量和箱高都由阿拉伯数字构成。

3）装货港、卸货港和目的港。装货港、卸货港和目的港一般用相应的英文缩写表示，如果整个贝位所配的集装箱的卸货港和目的港相同，也可以在这张贝位图上只标注一次；有的贝位图当某层的卸货港和目的港相同时，也只在该贝该层中标注一次。

4）特殊箱标志。特殊箱标志主要有冷藏箱标志、危险品标志、超高超宽标志等。冷藏箱必须标明设定温度，如“–10℃”；超高箱用“^”标志；超宽箱用“<”“>”标志；危险品箱必须标明危险品的级别，如 3.1、5.2 等。

5）集装箱进场堆存位置。在每一个行箱贝位的方格内，都应该标注相应的内容，下面就集装箱箱位号 030286 说明行箱位图的内容，如图 5-2 所示。

030286 **ECMU204004-1** 6.2　　22GP VYP*NGBCMA F

图 5-2　箱位号 030286 的箱位图

030286：集装箱箱位号，表示的是一个位于 03 贝、左舷第一列、甲板第三层的 20ft 集装箱。

ECMU：集装箱箱主代号。

204004-1：集装箱顺序和核对数字。

6.2：集装箱总重为 6.2t。

22GP：20ft 普通箱。

VYP：卸货港为俄罗斯东方港。

NGB：装货港为宁波港。

CMA：船公司为法国达飞。

二、集装箱船舶配积载

（一）集装箱船舶配积载过程

在实践工作中，集装箱船舶配积载工作涉及多个部门，包括集装箱船公司、集装箱港口装卸公司、船舶代理、理货公司等，需考虑的情况和因素涉及许多方面，不仅关系到船舶航行安全和货运质量，还关系到船舶装载能力的充分利用，直接影响运输效率和经济效益。因此，在集装箱船舶配积载过程的各个阶段，各相关部门应积极配合，按照一定的步骤实施。一般情况下，集装箱船舶配积载过程如下：

1）由集装箱船公司配载中心根据船舶航次订舱情况，编制集装箱装货清单、预配清单和船舶某航次在某挂靠港的集装箱预配图。

2）船公司将预配图直接送给集装箱港口装卸公司，或者用传真、电传或 EDI 等方式发送给船舶代理，再由船舶代理转交给集装箱港口装卸公司。

3）集装箱港口装卸公司根据船公司（或船舶代理）提供的出口集装箱装货清单及预配清单、集装箱预配图，结合港口进箱堆存实际情况，编制出口集装箱实配图。

4）集装箱船舶靠泊后，集装箱装卸公司将实配图交给船方审核，经船方认真审核确认后，复印若干份于装船开工前交有关职能部门。

5）集装箱港口按审核后的实配图进行装船，集装箱装船完毕后，由理货公司的理货员按船舶实际装箱情况，编制最终积载图。

（二）集装箱配积载图的作用

集装箱配积载过程所涉及的配积载图可分为预配图、实配图和最终积载图，其中预配图、实配图属于计划积载图，最终积载图属于实际积载图。

1．预配图

集装箱预配图是由船公司（或其代理人）编制的，是根据船舶航次订舱情况、集装箱船舶积载能力和航行条件等，按不同卸货港到达顺序及集装箱装货清单上拟配的集装箱数量，编制而成的全船行箱位总图，是将集装箱船上每一个 20ft 箱的行箱位横剖面图自船首到船尾按顺序排列而成的总剖面图。

预配图绘制后，应认真审核每个卸货港的箱量与订舱单是否相符、每个卸货港的箱区分布是否合理、特殊箱的配位是否符合要求等内容。审核无误后，将此图直接发送给集装箱港口装卸公司，或者用传真、电传或 EDI 等方式发送给船舶代理，再由船舶代理转交给集装箱港口装卸公司，由集装箱港口装卸公司编制实配图。

2. 实配图

集装箱实配图是由集装箱港口装卸公司编制的。集装箱港口装卸公司收到预配图后，根据船公司（或其代理人）提供的出口集装箱装货清单及预配清单、集装箱预配图，结合港口进箱堆存实际情况，编制出口集装箱实配图。集装箱港口装卸公司编制的实配图经船方审核确认、船上大副签字后，复印若干份于集装箱装船前交有关部门作为集装箱装船作业的正式文件。

3. 最终配积载图

最终配积载图是由现场理货员在集装箱装船结束后，根据船舶实际装箱情况及每个集装箱在船上的箱位，编制最终配积载图。在实际装船过程中，根据集装箱实配图制订的集装箱装船计划会因为某些原因需要进行修改，因此集装箱船舶现场理货员需对每一个装船集装箱的箱号、所配箱位等均要进行记录。

最终配积载图包括集装箱最终封面图和最终贝位图。最终封面图和最终贝位图标注格式及内容与实配封面图、实配贝位图基本相同。最终贝位总图和各贝位图由船舶代理通过各种通信手段送交船舶各有关的挂靠港，它是港口有关部门编制船舶卸箱或中途加载计划的主要依据。

集装箱船最终配积载文件包括集装箱最终封面图、最终贝位图、船舶稳性及吃水差计算表、出口集装箱统计报表等。

船舶稳性、船舶受力、吃水和吃水差由大副根据实际装载条件进行核算。出口集装箱统计报表是用于统计实船装载的不同装货港和卸货港、不同箱状态（重箱、空箱、冷藏箱或危险品箱）、不同箱型（20ft 或 40ft 箱）的数量和重量以及各卸货港和航次装船集装箱的合计数量和重量。出口集装箱统计报表的形式见表 5-1。

表 5-1 出口集装箱统计报表

船名 EAST　　　　　出口航次 1221　　　　　日期 2018-07-30

卸货港	20GP	20RF	40GP	40HQ	40RH	45HQ	总计
CNQIN	6 54.5	0 0	18 190.0	14 172.4	0 0	2 35.7	40 452.6
CNSHA	5 46.0	0 0	5 64.0	5 65.6	0 0	0 0	15 175.6
CNNBO	2 41.4	0 0	0 0	1 26.2	0 0	0 0	3 67.6
CNXIA	73 1 286.5	1 12.3	18 537.2	31 547.7	2 26.2	1 14.8	126 2 424.7
CNTJN	5 61.0	0 0	4 36.0	7 98.5	1 21.2	0 0	17 216.7
合计	91 1 489.4	1 12.3	45 827.2	58 910.4	3 47.4	3 50.5	201 3 337.2

子项目五 集装箱港口装船作业方案设计与实施

方案设计任务书

微课 5-2 出口装船作业方案设计

方案设计任务书		
子项目名称	集装箱港口装船作业方案设计	
任务描述	借助 ITOS 虚拟运营软件，通过完成集装箱货物装船作业等，达到熟练集装箱货物装船作业流程的目的	
任务成果	集装箱港口装船作业设计方案 ITOS 虚拟运营软件操作规范正确	
模仿训练内容	"顺河"号集装箱船隶属于百蝶远洋运输集装箱有限公司，2018 年 1 月 5 日，"顺河"号靠泊百蝶港集装箱港口，你作为百蝶港的一名港口堆场工作人员，该如何做好机械设备调度，并高效准确地装载该船的集装箱货物呢？ 其中，集装箱装船作业信息见下表：	
	装船作业信息表	
	| 箱号 | 船名 | 船期 | 进场要求 | 箱型/尺寸 | 备注 | 卸货港 | 重量/t | |---|---|---|---|---|---|---|---| | CCLU9214598 | 顺河 | 1月5日 | 1月1日10:00～ 1月1日19:00 | 20GP | | 宁波 | 15 | | OOCU3327261 | 顺河 | 1月5日 | 1月1日16:00～ 1月2日5:00 | 40GP | | 洛杉矶 | 19 | | COSU8569930 | 顺河 | 1月5日 | 1月3日8:00～ 1月3日20:00 | 40GP | | 东京 | 20 |	
	任务要求： 1. 根据附录 E 中"顺河"号轮船预配船图——字母图（部分）船图制订装船计划（在这些贝位中存放的都是普通集装箱），按照堆场计划编制船舶实配图（①要求画出 01 贝和 04 贝的实配图；②由于船舶安排范围比较广，在此约束一下安排位置：20ft 集装箱安排在 01 贝位，40ft 集装箱安排在 04 贝位） 2. 根据集装箱船装船集装箱的数量、分布位置及船舶停靠的泊位，安排合适的岸桥；根据堆场计划安排合适的龙门吊；根据装船集装箱的数量安排集卡作业（具体写出设备编号或车牌号） 注：由于本航次船舶装卸量巨大，故只需对装船作业信息表中的集装箱进行装卸船，其他集装箱的装卸船作业由系统自动完成	
强化训练内容	"远泰"号集装箱船隶属于百蝶远洋运输集装箱有限公司，2018 年 1 月 5 日，"远泰"号靠泊百蝶港集装箱港口，你作为百蝶港的一名港口堆场工作人员，该如何做好机械设备调度，并高效准确地装载该船的集装箱货物呢？ 其中，集装箱装船作业信息见下表：	
	装船作业信息表	
	| 箱号 | 船名 | 船期 | 进场要求 | 箱型/尺寸 | 备注 | 卸货港 | 重量/t | |---|---|---|---|---|---|---|---| | MSKU7411890 | 远泰 | 1月5日 | 1月2日13:00～ 1月2日19:00 | 20GP | | 宁波 | 15 | | CCLU6287008 | 远泰 | 1月5日 | 1月2日16:00～ 1月2日22:00 | 40GP | | 东京 | 19 | | OOCU6263052 | 远泰 | 1月5日 | 1月3日16:00～ 1月3日22:00 | 40GP | | 名古屋 | 20 |	
	任务要求： 1. 根据附录 E 中"远泰"号轮船预配船图——字母图（部分）船图制订装船计划（在这些贝位中存放的都是普通集装箱），按照堆场计划编制船舶实配图（①要求画出 01 贝和 04 贝的实配图；②由于船舶安排范围比较广，在此约束一下安排位置：20ft 集装箱安排在 01 贝位，40ft 集装箱安排在 04 贝位） 2. 根据集装箱船装船集装箱的数量、分布位置及船舶停靠的泊位，安排合适的岸桥；根据堆场计划安排合适的龙门吊；根据装船集装箱的数量安排集卡作业（具体写出设备编号或车牌号） 注：由于本航次船舶装卸量巨大，故只需对装船作业信息表中的集装箱进行装卸船，其他集装箱的装卸船作业由系统自动完成	
子项目方案设计任务书说明		
针对教学任务书给出的学习训练任务数据，学生首先在课堂中和教师一起学习装船作业的相关理论知识，熟悉 ITOS 虚拟运营软件的操作方法和流程，然后根据教师的课堂演示进行学习训练，最后结合知识链接中的知识、管理技能、附录 C 中的方案模板和学习训练任务数据进行方案设计		

任务二 集装箱港口装船作业方案实施

技能链接

装船理货作业注意事项

1．单证中标有 G1 箱型的，卸船时应检查集装箱上角的透气罩是否完整、完好，发现异常及时编制残损记录。

2．单证中标有 G3 箱型的，说明该箱一端和两侧设有箱门，要求对每个箱门的铅封进行检查，发现异常及时编制残损记录。

3．单证中标有 TN 箱型的为罐式非危险性液体货集装箱。该集装箱有两处铅封，一处在顶部（进口），另一处在靠近底部位置（出口）。集装箱为不锈钢材质，价格较贵，检查时应严格把关，并检查两处铅封，发现异常及时编制残损记录。要求使用大件平板进行运输。

4．单证中标有 UT 箱型的为敞顶式集装箱。不仅要检查集装箱的外形、铅封，而且要仔细检查箱顶雨布是否完好（空箱时检查雨布是否在箱内），发现异常及时编制残损记录。

5．单证中标有 RF 箱型的为冷藏箱。不仅要认真检查集装箱的外形、铅封，而且要检查制冷设备的各种仪表仪器是否完好，发现问题及时编制残损记录。卸船前需要断电，装船前问清发动机朝向。

6．单证中标有 PL、PF 的分别为平台箱和框架箱。在检查箱体是否完好的同时，还要检查装载的各种设备机械，如果外部包装及所有裸露在外面且可以看到的部分有异常现象的，应及时编制残损记录。捆绑式台架箱需报控制中心并做好单证记录。

7．单证上标有危险品等级代码的危险品箱，不仅要检查集装箱的外形、铅封，还必须检查集装箱四面是否贴有危标且其类别是否相符，并要求吊桥司机和集卡司机必须具一年以上驾龄，在装卸过程中要注意轻取轻放和控制车速。其中 1 类、2 类、7 类危险品箱必须采用车船直装和直取的作业方式。

方案实施指导书

1．在【课程内容】中选择课程【子项目五　装船作业方案设计与实施】→【任务二　装船作业方案实施】，在右侧选择【装船作业方案实施（教师演示）】，并单击【进入任务】，人物角色选择【港口调度员】，单击【确定】后进入 3D 仿真场景。

2．人物出现在中控室，走近计算机，根据提示按 <Alt> 键操作计算机。

3．打开虚拟计算机界面上的 ● 进入船舶管理系统，依次选择【出口集港及装船】→【出口箱复核】，在下拉列表中选择航次，勾选出口舱单信息，单击【复核】→【提交】，如图 5-3 所示（注：教师已经在教师端录入好了出口舱单及出口箱进场计划，从出口箱复核开始操作即可）。

微课 5-3　出口装船作业方案实施

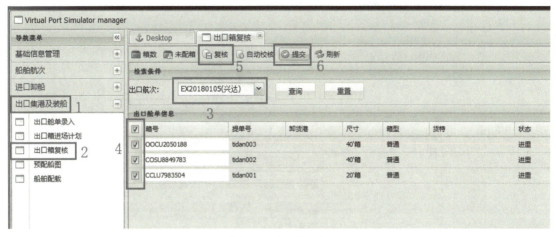

图 5-3 出口箱复核

4. 单击【预配船图】，选择出口航次，卸货港选择【宁波】，在【船图：侧截面图预览】中选择 D01（预配 20ft 的集装箱），然后在【船贝位信息】中选择空白位置进行预配，预配成功会变成蓝色，单击【保存】，如图 5-4 所示。

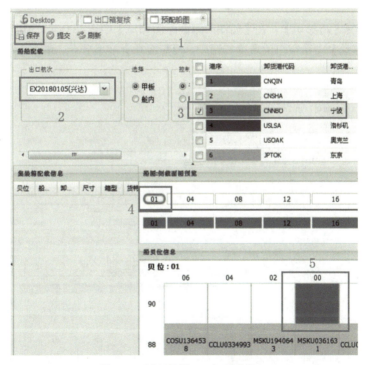

图 5-4 预配船图（20ft 集装箱）

5. 卸货港选择【奥克兰】，在【船图：侧截面图预览】中选择 D04（预配 40ft 的集装箱），然后在【船贝位信息】选择空白位置进行预配，预配成功会变成黄色，单击【保存】，如图 5-5 所示。

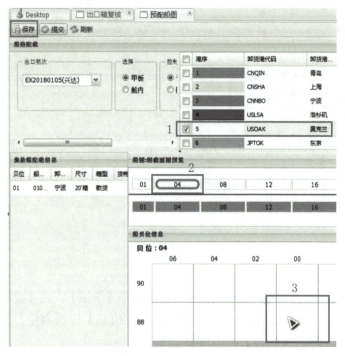

图 5-5　预配船图（40ft 集装箱 COSU8849783）

6. 卸货港选择【洛杉矶】，在【船图：侧截面图预览】中选择 D08（预配 40ft 的集装箱），然后在【船贝位信息】选择空白位置进行预配，预配成功会变成紫色，单击【保存】→【提交】，如图 5-6 所示。

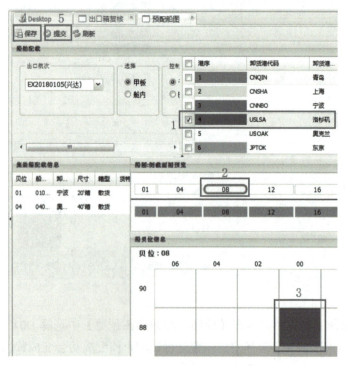

图 5-6　预配船图（40ft 集装箱 OOCU2050188）

7. 单击【船舶配载】，选择【出口航次】，卸货港选择【宁波】，选择 20ft 的集装箱，并勾选前面的复选框，在【船图：侧截面图预览】中选择 D01 的部分（下图中红色方框 5 标注的部分），然后在【集装箱配载信息】里面选择需要配载的集装箱，在【船贝位信息】里面单击绿色部分，进行配载，再单击【保存】，如图 5-7 所示。

8. 卸货港选择【奥克兰】，选择 40ft 的集装箱，并勾选前面的复选框，在【船图：侧截面图预览】中选择 D04 的部分（下图中红色方框 4 标注的部分），然后在【集装箱配载信息】里面选择需要配载的集装箱，在【船贝位信息】里面单击绿色部分，进行配载，再单击【保存】，如图 5-8 所示。

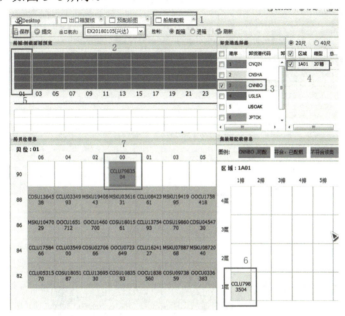

图 5-7　船舶配载（20ft 集装箱）

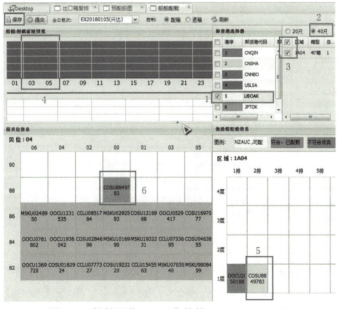

图 5-8　船舶配载（40ft 集装箱 COSU8849783）

9. 卸货港选择【洛杉矶】，选择40ft的集装箱，并勾选前面的复选框，在【船图：侧截面图预览】中选择D08的部分（下图中红色方框3标注的部分），然后在【集装箱配载信息】里面选择需要配载的集装箱，在【船贝位信息】里面单击绿色部分，进行配载，再单击【保存】→【提交】，如图5-9所示。

10. 单击【船舶航次】→【月度船期】→【新增】，带星号项为必填信息，录入完成后单击【保存】，如图5-10所示。

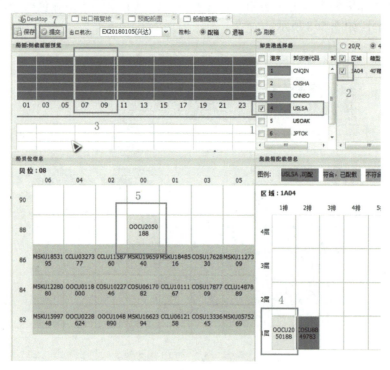

图5-9　船舶配载（40ft集装箱OOCU2050188）

图5-10　月度船期

11. 单击【泊位计划】，选择001泊位，拖动鼠标选择预计到港与离港时间，选择完成后会出现橘色部分，双击打开橘色部分，选择船期，单击【保存】→【提交】，如图5-11所示。

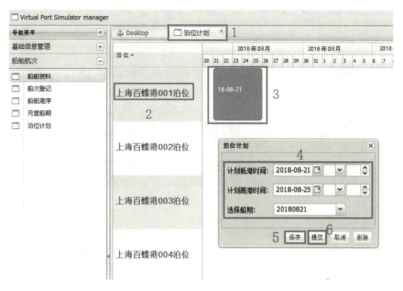

图 5-11　泊位计划

12．单击【中控调度】，选择【龙门吊调度】，在下拉列表中选择"L01"，在【堆场信息】中选择 1A 箱区，在【调度区域】中选择"1A"，然后再单击【保存】，如图 5-12 所示。

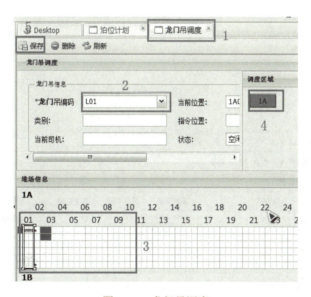

图 5-12　龙门吊调度

13．单击【中控调度】→【作业线调度】，选择航次，在【岸桥调度一览】中选择 Q01 部分，在【船贝位调度】中选择 D01、D04 和 D08 部分（与之前船图配载时选择的位置一致），选择成功后会变成蓝色，然后再单击【保存】→【提交】，如图 5-13 所示。

14．单击【集卡调度】，勾选作业线路 Q01 前面的复选框，单击【要箱车辆】下方的数量部分，会在页面底部出现集卡信息，选择集卡并进行安排（选中数量不得超过最大集卡数），单击【保存】→【提交】，如图 5-14 所示。

111

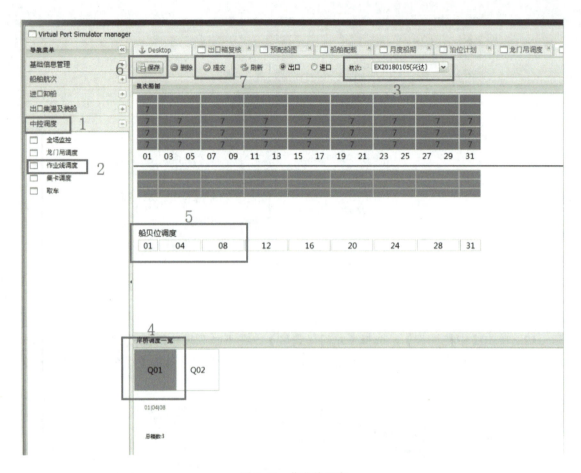

图 5-13　作业线调度

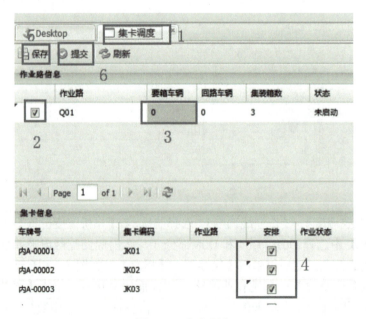

图 5-14　集卡调度

15. 按 <Alt> 键退出虚拟计算机，单击 切换人物角色为【内集卡司机】。走近内集卡，按 <Alt> 键上车，单击【开始工作】，会接到龙门吊及位置的指示，按 <T> 键挂挡，驾驶内集卡去 1A01，如图 5-15 所示；内集卡行驶至 L01 龙门吊下，单击【就绪】，如图 5-16 所示。

图 5-15　集卡开始工作

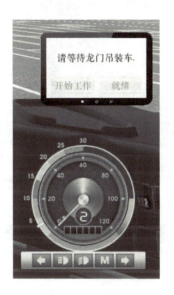

图 5-16　集卡就绪

16. 切换人物角色为【龙门吊司机】，控制人物走到 L01 旁边的楼梯，按 <Alt> 键驾驶龙门吊，如图 5-17 所示。然后按 <P> 键启动龙门吊电源，调整龙门吊到锚定状态，如图 5-18 所示。接着把车辆停在锚定的状态框内，再进入龙门吊，按 <Q> 键进行选位，选择【转船发箱】→【查询】，勾选【任务信息】中内集卡信息前面的复选框，在【区位剖面图】中选择"★ 1A0111"，然后单击【选位】→【提交】，选位成功后该集装箱会呈黄色高亮显示，如图 5-19 所示。

图 5-17　驾驶龙门吊

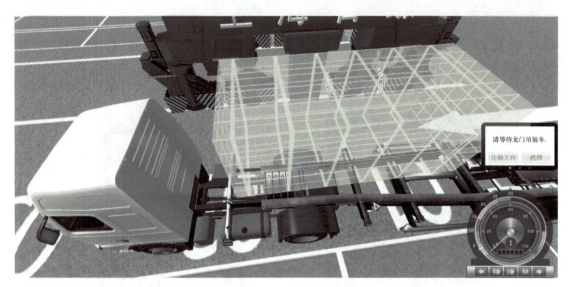

图 5-18 锚定状态

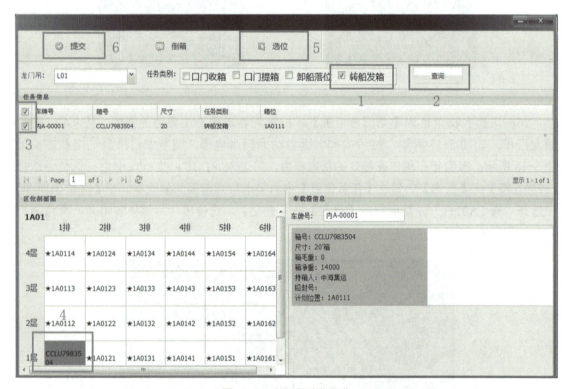

图 5-19 龙门吊选位操作

17. 按 <↑> <↓> 方向键控制吊具的上升和下降，调整吊具使其对准黄色高亮显示的集装箱（按 <E> 键可以控制调整的速度，再次按 <E> 键可以恢复至调整前的速度）直至着床灯亮起，着床灯变为黄色时按 <6> 键进行开锁，如图 5-20～图 5-23 所示；吊好集装箱，按 <6> 键闭锁，然后吊起集装箱至内集卡上，如图 5-24 所示；调整吊具将集装箱对准内集卡，当着床灯亮起时开锁，放好集装箱后按 <↑> 键升起吊具。

图 5-20　开始状态

图 5-21　按 <P> 键控制龙门吊

图 5-22　着床成功

图 5-23　开锁成功

图 5-24　闭锁成功

18. 切换人物角色为【内集卡司机】，根据车辆信息提示，驾驶车辆至岸桥 Q01，如图 5-25 所示；将内集卡驾驶至岸桥 Q01 下，单击【就绪】，如图 5-26 所示，按 <Alt> 键结束集卡操作。

图 5-25　集卡作业提示

图 5-26　集卡就绪

19. 下车后,切换人物角色为【岸桥司机】,来到 Q01 号岸桥下,按 <Alt> 键驾驶岸桥,如图 5-27 所示;然后按 <P> 键启动岸桥电源,调整岸桥为锚定状态,调整车辆停放位置,如图 5-28 所示;再到岸桥上按 <Q> 键进行选位,首先在【出口箱信息】中勾选集卡信息前面的复选框,在【船贝位信息】中选择预配好的红色部分,最后单击【选位】,如图 5-29 所示。

20. 按 <↑> 键升起吊具,将集卡上的集装箱吊至船上黄色高亮部分,调整位置,当着床灯亮起时,将集装箱放入黄色方框内,然后开锁升起吊具,如图 5-30 所示。

图 5-27 驾驶岸桥

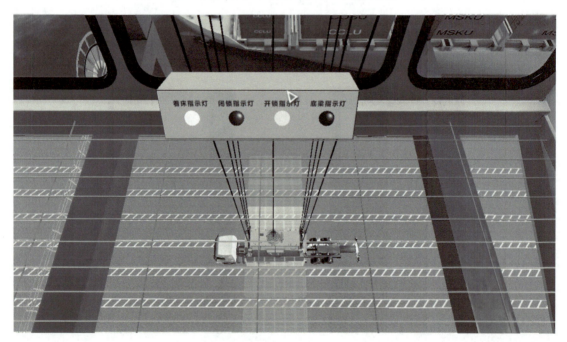

图 5-28 锚定状态

子项目五 集装箱港口装船作业方案设计与实施

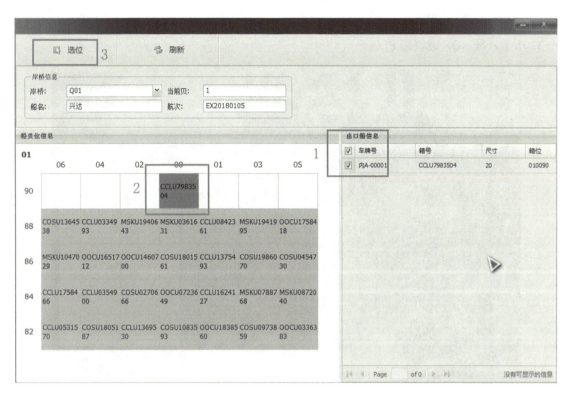

图 5-29 装船选位操作

图 5-30 集装箱装船操作

21. 切换角色到【岸边理货员】，按 <Q> 键打开 PDA，双击打开【装船作业】，在

117

下拉列表中选择岸桥"Q01"以及箱号"CCLU7983504",单击【确定】,如图 5-31 和图 5-32 所示,按 <Q> 键收起 PDA。

图 5-31 PDA 装船作业

图 5-32 PDA 装船作业信息

22. 切换人物角色为【内集卡司机】,将内集卡开回原位,然后驾驶另一辆内集卡,进行 40ft 集装箱的装船作业。按 <Alt> 键上车,单击【开始工作】,会接到龙门吊及位置的指示,按 <T> 键挂挡,驾驶内集卡去 1A04 位置,如图 5-33 所示;内集卡行驶至 L01 龙门吊下,单击【就绪】,如图 5-34 所示。

图 5-33　集卡开始工作

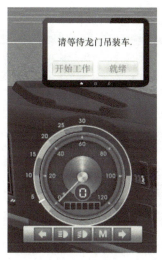

图 5-34　集卡就绪

23．切换人物角色为【龙门吊司机】，控制人物走到 L01 旁边的楼梯，按 <Alt> 键驾驶龙门吊。按 <P> 键启动龙门吊电源，调整龙门吊到锚定状态，如图 5-35 所示。接着进入龙门吊，按 <Q> 键进行选位，选择【转船发箱】→【查询】，勾选【任务信息】中内集卡信息前面的复选框，在【区位剖面图】中选择"★1A0421"，然后单击【选位】→【提交】，选位成功后该集装箱会呈黄色高亮显示，如图 5-36 所示。

24．按 <↑><↓> 方向键控制吊具的上升和下降，调整吊具使其对准黄色高亮显示的集装箱（按 <E> 键可以控制调整的速度，再次按 <E> 键可以恢复至调整前的速度）。按 <O> 键，吊具将在 20ft 和 40ft 之间切换，如图 5-37 所示。调整位置至着床灯亮起，着床灯变为黄色时按 <6> 键进行开锁，吊好集装箱，闭锁，然后吊起集装箱至内集卡上，调整吊具将集装箱对准内集卡，当着床等亮起时开锁，放好集装箱后升起吊具。

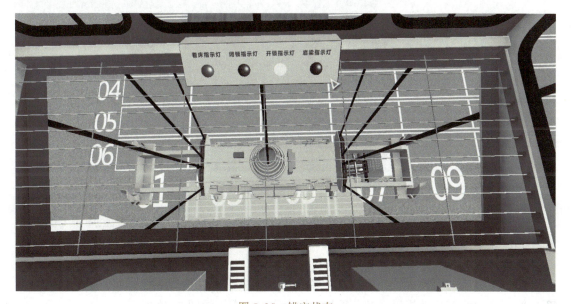

图 5-35　锚定状态

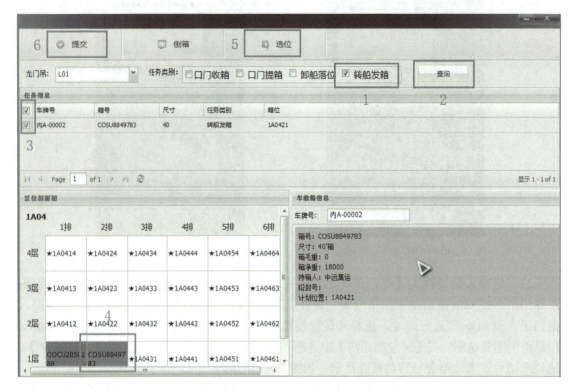

图 5-36　龙门吊选位操作

图 5-37　不同尺寸吊具切换

25．切换人物角色为【内集卡司机】，根据车辆信息提示，驾驶车辆至岸桥 Q01，如图 5-38 所示；将内集卡驾驶至岸桥 Q01 下，单击【就绪】，如图 5-39 所示，按 <Alt> 键结束集卡操作。

26．下车后，切换人物角色为【岸桥司机】，来到 Q01 号岸桥下，按 <Alt> 键驾驶岸桥，然后按 <P> 键启动岸桥电源，调整岸桥为锚定状态，如图 5-40 所示。

子项目五　集装箱港口装船作业方案设计与实施

图 5-38　集卡作业提示

图 5-39　集卡就绪

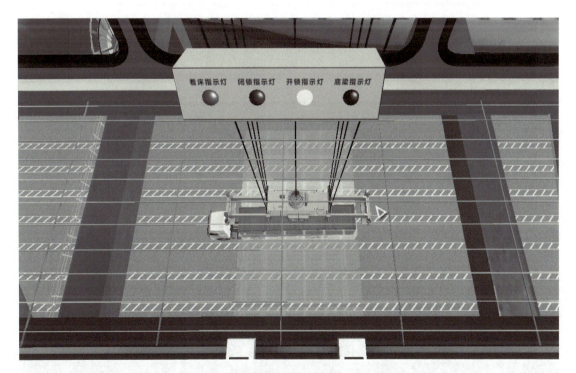

图 5-40　锚定状态

27. 按 <Q> 键进行选位，首先在【出口箱信息】中勾选集卡信息前面的复选框，在【船贝位信息】中选择预配好的红色部分，最后单击【选位】，如图 5-41 所示。再将集卡上的集装箱吊至船上黄色高亮部分，调整位置，当着床灯亮起时，将集装箱放入黄色方框内，然后开锁升起吊具，如图 5-42 所示。

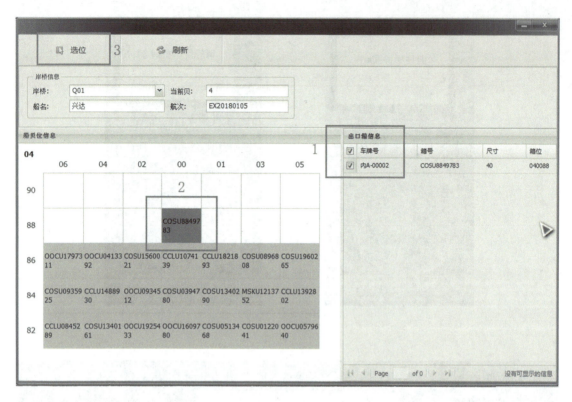

图 5-41 装船选位操作

图 5-42 集装箱装船操作

28. 切换角色到【岸边理货员】,按 <Q> 键打开 PDA,双击打开【装船作业】,在下拉列表中选择岸桥"Q01"以及箱号"COSU8849783",单击【确定】,如图 5-43 和图 5-44 所示,按 <Q> 键收起 PDA。

图 5-43　PDA 装船作业

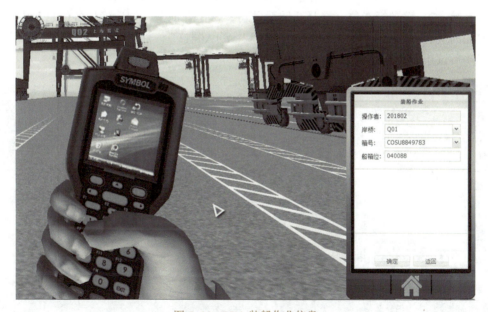

图 5-44　PDA 装船作业信息

29. 切换人物角色为【内集卡司机】,将内集卡开回原位,然后再驾驶另一辆内集卡,进行另一个 40ft 集装箱的装船作业。按 <Alt> 键上车,单击【开始工作】,会接到龙门吊及位置的指示,按 <T> 键挂挡,驾驶内集卡去 1A04 位置,如图 5-45 所示;内集卡行驶至 L01 号龙门吊下,单击【就绪】,如图 5-46 所示。

图 5-45 集卡开始工作　　　　　图 5-46 集卡就绪

30. 切换人物角色为【龙门吊司机】,控制人物走到 L01 旁边的楼梯,按 <Alt> 键驾驶龙门吊。按 <P> 键启动龙门吊电源,调整龙门吊到锚定状态,如图 5-47 所示。接着进入龙门吊,按 <Q> 键进行选位,选择【转船发箱】→【查询】,勾选【任务信息】中内集卡信息前面的复选框,在【区位剖面图】中选择"★1A0411",然后单击【选位】→【提交】,选位成功后该集装箱会呈黄色高亮显示,如图 5-48 和图 5-49 所示。

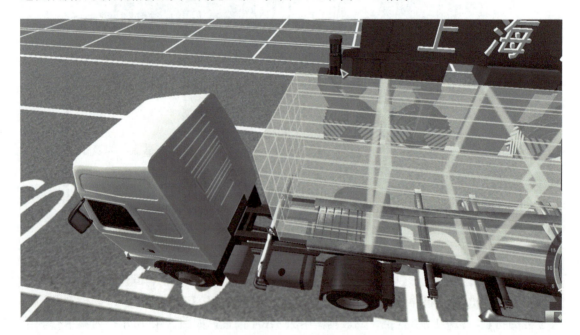

图 5-47 锚定状态

子项目五 集装箱港口装船作业方案设计与实施

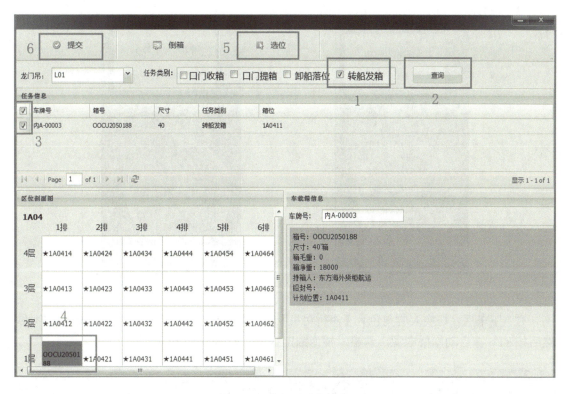

图 5-48 龙门吊选位操作

图 5-49 集装箱装车

31．切换人物角色为【内集卡司机】，根据车辆信息提示，驾驶车辆至岸桥 Q01，如图 5-50 所示；将内集卡驾驶至岸桥 Q01 下，单击【就绪】，如图 5-51 所示，按 <Alt> 键结束集卡操作。

125

图 5-50 集卡作业提示

图 5-51 集卡就绪

32. 下车后，切换人物角色为【岸桥司机】，来到 Q01 号岸桥下，按 <Alt> 键驾驶岸桥，然后按 <P> 键启动岸桥电源，调整岸桥为锚定状态，如图 5-52 所示。

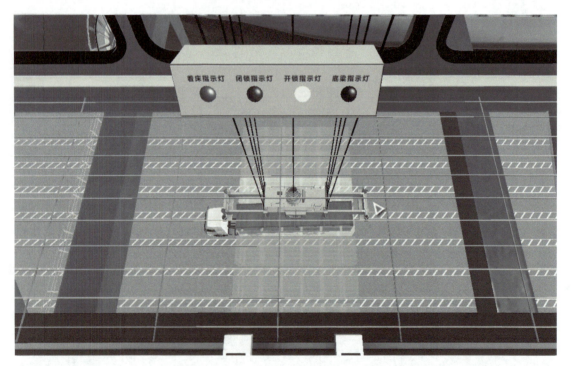

图 5-52 锚定状态

33. 按 <Q> 键进行选位，首先在【出口箱信息】中勾选集卡信息前面的复选框，在【船贝位信息】中选择预配好的红色部分，最后单击【选位】，如图 5-53 所示。再将集卡上的集装箱吊至船上黄色高亮部分，调整位置，当着床灯亮起时，将集装箱放入黄色方框内，然后开锁升起吊具，如图 5-54 所示。

子项目五　集装箱港口装船作业方案设计与实施

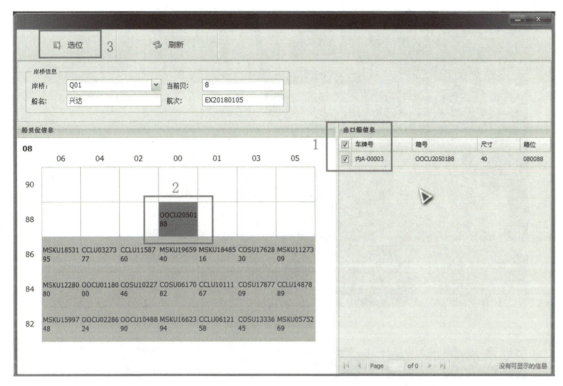

图 5-53　装船选位操作

图 5-54　集装箱装船操作

34．切换角色到【岸边理货员】，按 <Q> 键打开 PDA，双击打开【装船作业】，在下拉列表中选择岸桥"Q01"以及箱号"OOCU2050188"，单击【确定】，如图 5-55 和图 5-56 所示，按 <Q> 键收起 PDA。

35．切换人物角色为【内集卡司机】，将集卡开回原位，装船作业完成。

127

图 5-55 PDA 装船作业

图 5-56 PDA 装船作业信息

思考题：

1. 集装箱船图的分类有哪些？
2. 集装箱船图的表示方法有哪些？
3. 集装箱船舶配积载的步骤有哪些？

项目二

集装箱港口进出口作业方案设计与实施

项目背景

百蝶集装箱港口有限公司（注册简称 BDT）成立于 2005 年，主要从事国内外集装箱运输、航运专业服务和航运物流业务。近年来，百蝶航运集团通过成功实施品牌战略，持续开展诚信创建工作，实现经济效益和经营规模的稳步增长。百蝶航运集团连续三届获得"上海市著名商标"称号，连续两届获得"上海名牌"荣誉称号，并荣获国家海事局和上海海事局授予的"安全诚信公司""4A 级综合服务类物流企业"等荣誉称号。

在国内外集装箱运输业务方面，百蝶航运集团拥有多条品牌航线，提供精确到小时的 HDS（Hot Delivery Service）快速交货服务，同时在长江流域开辟内支线物流服务，目前主要经营东亚、东南亚及两岸间的集装箱班轮运输，并在境内外持续拓展和完善市场营销体系。

在做精做强国际集装箱运输主业的基础上，百蝶航运集团同步拓展国际船务代理、国际货运代理、航运人力资源管理等业务，并开展船舶和集装箱租赁业务。集团不断深化航运物流板块，建设综合物流基地和集装箱中转中心，初步构建了"一主两翼"产业格局。

百蝶航运集团通过企业经营模式创新与业态转型，同步延伸海上航线布局和陆上物流业务，积极投身上海国际航运中心建设，力争发展成为以集装箱运输为核心的亚洲一流航运企业。

子项目六

集装箱港口进口全程作业方案设计与实施

 子项目情景

"唐晶,你之前学习的都是一些单项业务操作,接下来需要学习进口全程业务操作,我们先来学习集装箱港口进口全程业务操作。"罗浩说。

"师傅,进口全程业务除了进口卸船还有什么?"唐晶问道。

"进口卸船操作是进口全程操作的一部分,我们做进口卸船操作的时候第一步是做什么?"罗浩问。

"第一步是将内集卡开到岸边,岸桥司机将船舶上的集装箱吊至内集卡上,然后,内集卡司机将集装箱运至堆场,再由龙门吊司机将集装箱吊至堆场。"唐晶回答。

"那客户会直接来我们集装箱港口堆场提货吗?"罗浩问。

"不是,客户会在我们百蝶港外面的集装箱货运站提货,或者由我们集装箱货运站送货上门。噢!我明白了,进口全程业务操作就是包括进口卸船和重箱出场操作的一整套进口作业操作对吗?"唐晶说。罗浩听完微笑着点点头。

唐晶经过一个月的实习,已经熟悉了进口全程业务操作,接下来将自己独立完成一次进口全程业务操作。如果你是唐晶,你将如何安排这一系列工作?

 学习目标

【知识目标】

1. 掌握集装箱进口作业的基本流程。
2. 熟悉集装箱港口进口业务主要部门及其工作任务。

【技能目标】

1. 能够根据项目任务书的要求完成进口全程作业计划方案。
2. 能够灵活运用 ITOS 虚拟运营软件完成进口全程作业的操作。

【素质目标】

1. 培养逆向思维和换位思考的职业习惯。
2. 树立效率意识和成本意识。

任务一　集装箱港口进口全程作业方案设计

知识链接

集装箱港口的进口全程作业可以分为三个阶段：进口卸船前的准备、进口卸船、重箱出场。进口卸船前的准备作业包括：船期表录入、泊位计划、堆场计划、机械调度。进口卸船作业包括：岸桥卸船、集卡车运输、龙门吊堆。重箱出场就是货主或其委托人来港提箱的过程，是进口业务的最后一个环节。进口业务需要多个业务相关方和港口的各个职能部门相互协同配合才能完成。

一、船公司在集装箱进口货运中的业务

现代化集装箱船不仅船型大、运输速度快，且挂靠港口少。因此，从某种意义上说，限制挂靠港口数量和缩短装卸时间不仅能提高船舶的周转率，而且对船公司的经济效益和使收货人尽快收到货物等方面都是有利的。船公司要达到这一目的，必须要有合理的组织工作程序。船公司在集装箱进口货运中的业务包括：

微课 6-1　船公司在集装箱进口货运中的业务

1. 做好卸船准备工作

由于集装箱船要求在最短的时间内卸完集装箱，因此，如果没有一个完整的卸船计划，集装箱则有可能停滞在港口上，影响船舶装卸，使港口工作陷入混乱，推迟交货，发挥不出集装箱运输装卸作业时间短、船舶周转率高的优势。

因此，船公司主管进口货运的人员，应在船舶从最后装船港开出后就开始着手制订船舶预计到港的计划，并从装船港代理处得到相关货运单证。与此同时，与港方、收货人、海关及其他有关部门尽早取到联系，一旦船舶靠泊稳妥，尽快将集装箱卸下，并办理海关手续，做好交货准备工作。从装船港代理处取得的主要单证包括：

（1）提单副本或港口收据副本。提单副本或港口收据副本可用于制订船舶预计到港通知书、交货通知书、交货凭证、货物舱单、动植物清单以及答复收货人有关货物方面的各种询问。

（2）积载图。积载图可用于编制集装箱卸船计划、堆场计划、交货计划以及有关集装箱和机械设备的保管、管理资料。

（3）集装箱装箱单。集装箱装箱单可用于办理保税内陆运输和办理货物从堆场运出的手续，并作为集装箱货运站办理掏箱、分类、交货的依据。

（4）集装箱号码单。集装箱号码单可用于向海关办理集装箱暂时进口手续以及进行设备管理的依据，还可用于与其他单据进行核对。

（5）装船货物残损报告。凭借装船货物残损报告可向责任方提出索赔，装船货物残损报告是货损事故处理中主要单证之一。

（6）特殊货物表。特殊货物表用于向海关和相关机构办理危险品申报以及冷藏货物、活性畜等特殊货物的交货。

2. 制作并寄送相关单据

船公司或其他代理公司在收到装船港寄来的单据后,应制作下列有关单据并寄送相关方。

(1)船舶预计到港通知书。船舶预计到港通知书是向提单副本所记载的收货人或通知方寄送的单据,其内容和提单内容大致相同,除货物情况外,还记录了该船预计到港时间。使用普通船运输时,船公司一般没有向收货人提供船舶预计到港通知书的义务。但在使用集装箱运输时,为了能使港口堆场顺利地进行工作,防止货物积压,使集装箱得到有效利用而不发生闲置,加速周转,则有必要将货物预计到港时间通知收货人,让收货人在船舶抵港前作好收货准备工作。

(2)交货通知。交货通知是货物具体交付日期的通知,是在确定了船舶到港时间以及集装箱的卸船计划和时间后,船公司或其代理人将货物的交付时间通知收货人的单据。货物交付通知一般先通过电话进行通知,然后再寄送书面通知,以避免不必要的纠纷。

(3)货物舱单。货物舱单是向海关申请批准卸货的单据。

3. 卸船与交货

集装箱的卸船与交货计划主要由港口堆场负责办理,但如果收货人在接到船公司寄送的船舶预计到港通知后,有时会通知船公司,在其方便的时间提供提货的可能机会。对收货人的这一要求,船公司应转告集装箱港口堆场,在交货时尽可能满足收货人的要求。

4. 签发提货单

除特殊情况外,船公司或其代理人只要收到正本提单,就有义务对提单持有人签发提货单。因此,提货单的签发是通过与正本提单相交换的形式进行的。提货单仅作为交货的凭证,而不具有提单的流通性。

在签发提货单时,要核对正本提单签发人的签署、签发提单的日期等,确认提单背书的连贯性,判定提单持有人是否正当,之后才能签发提货单。

提货单应含有提单所记载的内容,如船名、交货地点、集装箱号码、铅封号、货物名称、收货人等交货所必须具备的项目。在到付运费和未支付其他相关费用的情况下,应收讫后再签发提货单。

正本提单尚未到达,而收货人要求提货时,可采用与相关银行共同向船公司出具担保书的办法,担保书内应保证:

(1)正本提单一到,收货人应将其立即交船公司或其代理人。

(2)没有凭正本提单而发生的提货,船公司由此而遭受的任何损失由收货人负责。

此外,如收货人要求更改提单上指定的交货地点时,船公司或其代理人应收回全部的正本提单后,才能签发新的提货单。

二、港口堆场在集装箱进口货运中的业务

1. 做好卸船准备工作

如果来港靠泊的集装箱船属于定期班轮,则应根据协议和相关业务章程的规定,在船舶抵港前一定的时间内将船期计划通知港口。如因天气或其他原因导致集装箱船不能按期到港,船公司或其代理人则必须提前通知港口。在船舶抵港前几天,港口堆场应从船公司或其代理人处取得的相关单证包括:货物舱单、集装箱号码单、积载图、集装箱装箱单、装船货物残损报告、特殊货物表。

微课 6-2 港口堆场在集装箱进口货运中的业务

集装箱港口堆场根据这些单证安排卸货准备工作，并制订出集装箱的卸船计划、堆场计划、交货计划。

（1）集装箱卸船计划。为了减少船舶在港时间，卸船与装船往往同时进行，为使卸船工作有条不紊地进行，有必要制订卸船计划。制订卸船计划是为了能在最短的时间内使大量的集装箱能顺利地装上与卸下。

（2）集装箱堆场计划。集装箱能否合理地安置在港口堆场内，直接影响卸船计划的顺利执行和交货计划顺利执行。因此，有必要制订堆场计划。

（3）集装箱交货计划。集装箱交货计划是为了保证从船上卸下的集装箱不积压在港口堆场内，且能向最终目的地继续运输，或直接交给收货人而制订的计划。

2．卸船与堆放

集装箱港口堆场根据制订的卸船计划从船上卸下集装箱，并根据堆场计划在堆场内存放集装箱。集装箱在堆场内存放时应注意以下几点：

（1）空箱与实箱应分开堆放。

（2）了解实箱内货物的详细情况。

（3）确认是否需要安排中转运输。

（4）确认在港口堆场内交货还是在货运站交货。

（5）预定交货日期。

3．交货

集装箱货物的交货对象大致可分为收货人、集装箱货运站和内陆承运人。根据不同的交货习惯，交货时应办理的手续包括：

（1）交给收货人。当收货人或其代理人前来提货时，应出具船公司或其代理人签发的提货单，经核对无误后，堆场将货箱交给收货人。交货时，港口堆场和收货人双方在交货记录上签字交接，如对所交接的货物有批注，则应将该批注记入交货记录，交货记录是证明船公司责任终止的重要单证。

（2）交给集装箱货运站。如果是拼箱货，则由集装箱货运站从港口堆场将集装箱货物运至货运站，拆箱并将货物交收货人。一般情况下进行的集装箱货物交接，由港口堆场与货运站共同在集装箱装箱单上签字，作为货物交接的收据。如果港口堆场与货运站是相互独立的，交接时则应制作交货记录，并由双方签署，以明确对集装箱货物的责任关系。

（3）交给内陆承运人。如果集装箱货物需要继续运往内陆地区的最终交货地点，港口堆场则应在与船公司或其代理公司取得联系后，再把集装箱交给内陆承运人。在这种情况下，如果船公司对货物的责任终止于港口堆场，则应以交货记录进行交接；如果内陆承运人作为船公司的分包人，即船公司对全程运输负有责任时，港口堆场与内陆承运人只需办理内部交接手续，在集装箱运至最终交货地点后再办理交货记录即可。

4．收取相关费用

港口堆场在将集装箱货物交给收货人时，应查核该货物是否发生了保管费、再次搬运费等。另外，应确定集装箱的使用是否超出了免费使用期，如已超期则应收取滞期费。在发生上述费用的情况下，港口堆场应在收取完这些费用后再交付集装箱货物。

5．制作交货报告和未交货报告

集装箱港口堆场在交货工作结束后，应根据实际交货情况制作交货报告送交船公司，船公司据此处理收货人提出的关于货物丢失或损坏的索赔。

如收货人未能按时前来提货，港口堆场则应制作未交货报告送交船公司，船公司据此催促收货人早日提货。如收货人仍不前来提货，船公司可对货物采取必要的措施。

三、集装箱货运站在进口货运中的业务

集装箱货运站从港口堆场领取拼箱货后，即在货运站进行拆箱，并按提单分类，将货物交给前来提货的收货人。集装箱货运站主要的进口货运业务包括：

1．做好交货准备

集装箱货运站应在船舶到港前几天，从船公司或其代理人处取得下列相关单证：
（1）提单副本或场站收据副本。
（2）货物舱单。
（3）集装箱装箱单。
（4）集装箱货物残损报告。
（5）特殊货物表。
集装箱货运站根据上述单据做好拆箱交货的准备工作。

2．发出交货通知

在确定了船舶到港日期和卸港计划后，货运站与港口堆场联系并确定提取集装箱的时间，根据这一时间由集装箱货运站制订出拆箱和交货计划。

集装箱船舶在港期间，货运站可能会同时进行拆箱交货、接货装箱的作业，其业务相当繁忙紧张。为使拆箱的货物尽早让收货人提走，则应尽早对收货人发出交货日期的通知。交货日期的通知也是计算集装箱货物保管费和再次搬运费的依据。

3．从港口堆场领取载货的集装箱

集装箱货运站在与港口堆场取得联系后，即可从堆场领取载货的集装箱，在进行集装箱货物交接时，港口堆场应与货运站在集装箱装箱单上签字。另外，对离开堆场的集装箱应办理设备交接手续，由堆场出具设备收据，双方在设备收据上签字方可。

4．拆箱交货

集装箱货运站从港口堆场领取集装箱后，即开始拆箱作业。从箱内取出货物时，应按装箱单记载的末尾向前的顺序进行（箱内的货物由装箱地按货物装箱的顺序记载）。拆箱后应将空箱退还给港口堆场。

当收货人前来提货时，货运站会要求收货人出具船公司签发的提货单，在将提货单记载的内容与货物核对无误后，即可交货。交货时集装箱货运站应与收货人在交货记录上签字，如发现货物有异状，则应将这种情况记入交货记录的备注栏内。

该种交货记录与普通船运输下的船舶记录具有同样的性质，是交货完毕的凭证，船公司对货物的责任以双方在交货记录上的签署为准。

5．收取相关费用

集装箱货运站在交付货物时，应查核该货物有无发生保管费和再次搬运费，如已发生则应收取后再交货。

6．制作交货报告和未交货报告

集装箱货运站在交货工作结束后，制作交货报告送交船公司，船公司据此处理有关货物的损害赔偿。对于积压在货运站的货，则应制作未交货报告送交船公司，船公司据此催促收货人迅速提货，如收货人仍不前来提货，船公司可对货物采取必要的措施。

四、收货人在集装箱进口货运中的业务

与普通船运输相比较，收货人在集装箱进口货运中的业务变化不大，但也稍有不同，具体业务包括：

1．签订贸易合同

收货人作为买方必须首先与卖方（发货人）订立贸易合同。

2．租船订舱

如果货物是以离岸价格（FOB价）成交，收货人则负有租船订舱责任，以及将相关船名、装船期通知发货人的义务。

3．申请开立信用证

收货人必须在合同规定的日期向其所在地银行提出开证申请，并按合同规定的内容填写开证申请书，请开证行(所在地银行)开证。

4．投保

如果货物是以到岸价格（DES价）成交，收货人则负有投保责任，并需要支付保险费。

5．取得相关装船单据

收货人要取得有关装船单据，则必须向银行支付货款，也就是购买装船单据。如果按托收汇票结汇，进口地银行对出口地银行负有代收货款的责任。所以，在付款交单条件下，收货人只有在支付货款后才能取得单据。如为承兑交单，收货人对接管的票据进行确认后，才能取得单据。收货人在得到单据后，应仔细审核提单记载的事项和提单背书的连续性。

6．换取提货单

收货人在提货前，应将提单交还给船公司或其代理人，从而取得提货单。在集装箱货物从船上卸下后，凭提货单即可提货。

7．提取货物

通常，整箱货应去港口堆场提货，拼箱货应去货运站提货，需要注意的是如果整箱货连同集装箱一起提取，还应办理集装箱设备收据。

8．索赔

收货人在提取货物时，如发生货物的丢失或损坏时，应立即向责任方提出损害赔偿。

集装箱港口运营管理（基于ITP一体化教学管理平台）

方案设计任务书

方案设计任务书	
子项目名称	集装箱港口进口全程作业方案设计
任务描述	借助ITOS虚拟运营软件，达到对集装箱货物进行合理分配箱位、提高港口堆场装卸效率的目的
任务成果	集装箱港口进口全程作业设计方案 ITOS虚拟运营软件操作规范正确
模仿训练内容	4月10日，百蝶港接到通知，"钱海"号集装箱船即将停靠百蝶港，船长150m，原定靠泊时间安排是11:00到锚地，12:00靠泊港口，13:00开始装卸作业。作业量如下：装20ft集装箱900个、40ft集装箱200个，卸20ft集装箱200个、40ft集装箱100个；计划用2台岸桥同时进行作业（注：岸桥装卸效率为每台每小时30个） 请根据作业任务要求做好堆场计划、船舶泊位计划等进口卸船作业计划以及重箱出场计划，等待船舶停靠后迅速展开作业 其中，集装箱卸船信息见下表： 卸船信息表 | 箱号	尺寸/箱型	空重	重量/KG	卸货港	交接方式
---	---	---	---	---	---
MSKU9086572	40GP	F	20 000	上海	进口重箱，堆场提箱
OOCU4887110	20GP	F	16 000	上海	进口重箱，堆场提箱
COSU8737504	40GP	F	22 000	上海	进口重箱，堆场提箱
COSU6802452	40GP	F	21 000	上海	进口重箱，堆场提箱	 任务要求： 1. 请根据"钱海"集装箱船的装卸任务计算船舶离港时间，并画出泊位策划图，要求在泊位分配策划图中绘制出"钱海"号的泊位计划，标出船名、船长、预计到港时间、预计离港时间、卸箱量、装箱量等信息 2. 根据堆场计划信息及卸船集装箱信息为本次卸船集装箱安排具体的堆放箱区 3. 计算安排的箱区的堆存能力 4. 根据出口箱进场信息及堆放原则安排出口箱的堆放顺序 5. 根据出口箱堆放的原则，合理安排出口箱位 6. 填写重箱出场设备交接单与装箱单 注：由于本航次船舶装卸量巨大，故只需对卸船信息表中的集装箱进行装卸船，其他集装箱的装卸船作业由系统自动完成
强化训练内容	4月10日，百蝶港接到通知，"天祥"号集装箱船即将停靠百蝶港，船长150m，原定靠泊时间安排是13:00到锚地，14:00靠泊港口，15:00开始装卸作业。作业量如下：装20ft集装箱1100个、40ft集装箱100个，卸20ft集装箱300个、40ft集装箱100个；计划用2台岸桥同时进行作业（注：岸桥装卸效率为每台每小时30个） 请根据作业任务要求做好堆场计划、船舶泊位计划等进口卸船作业计划以及重箱出场计划，等待船舶停靠后迅速展开作业 其中，集装箱卸船信息见下表： 卸船信息表 | 箱号	尺寸/箱型	空重	重量/KG	卸货港	交接方式
---	---	---	---	---	---
MSKU6079137	40GP	F	19 000	上海	进口重箱，堆场提箱
MSKU8440742	20GP	F	16 000	上海	进口重箱，堆场提箱
CCLU6792150	40GP	F	23 000	上海	进口重箱，堆场提箱
OOCU3892642	40GP	F	22 000	上海	进口重箱，堆场提箱	 任务要求： 1. 请根据"天祥"集装箱船的装卸任务计算船舶离港时间，并画出泊位策划图，要求在泊位分配策划图中绘制出"天祥"号的泊位计划，标出船名、船长、预计到港时间、预计离港时间、卸箱量、装箱量等信息 2. 根据堆场计划信息及卸船集装箱信息为本次卸船集装箱安排具体的堆放箱区 3. 计算安排的箱区的堆存能力 4. 根据出口箱进场信息及堆放原则安排出口箱的堆放顺序 5. 根据出口箱堆放的原则，合理安排出口箱位 6. 填写重箱出场设备交接单与装箱单 注：由于本航次船舶装卸量巨大，故只需对卸船信息表中的集装箱进行装卸船，其他集装箱的装卸船作业由系统自动完成

子项目六　集装箱港口进口全程作业方案设计与实施

（续）

子项目方案设计任务书说明
针对教学任务书给出的学习训练任务数据，学生首先在课堂中和教师一起学习集装箱港口进口全程作业的理论知识，学习方案设计的流程和要点，熟悉 ITOS 虚拟运营软件的操作方法和流程，然后根据教师的课堂演示进行模仿练习，最后结合知识链接中的知识、管理技能、附录 C 中的方案模板和学习训练任务数据进行方案设计

任务二　集装箱港口进口全程作业方案实施

技能链接

（一）作业计划分析

作业计划的目的是将年度、季度计划按时间进度分解成为周、日、时的任务，也就是说在短期内准确地为生产系统安排工作负荷。在实际作业过程中，通常先编制作业进度计划表，并用甘特图的形式体现出来，这样可以将活动和时间形象直观表达，便于调整工时以及计算单项活动和整个项目的时间。

（二）作业应急预案编制

制定百蝶港事故（事件）应急预案，是为了规范集装箱港口进出口作业事故（事件）应急管理和应急响应程序，提高紧急突发性事件的快速反应能力保证各项应急工作的协调开展，确保集装箱港口进出口作业突发事故（事件）的处置协调、有序、高效，最大限度地减轻经济损失和相应影响，维护企业健康持续稳定发展。

微课 6-3　集装箱港口进口
全程作业方案实施

方案实施指导书

1. 在【课程内容】中选择【项目二　集装箱港口进出口作业方案设计与实施】→【子项目一　集装箱港口进口全程作业方案设计与实施】→【任务二　集装箱港口进口全程作业方案实施】，在右侧选择【集装箱港口进口全程作业方案实施（教师演示）】，并单击【进入任务】，人物角色选择【港口调度员】，进入 3D 仿真场景。

2. 人物出现在中控室，走近计算机，根据提示按 <Alt> 键操作计算机。打开虚拟计算机界面上的▇进入船舶管理系统。选择【船次登记】，可以看到系统中已经录入了船次登记信息，如图 6-1 所示。

3. 单击【月度船期】→【新增】，在【月度船期维护】中录入登记号并选择船名，单击【保存】，如图 6-2 所示。

4. 单击【泊位计划】，选择 001 泊位，拖动鼠标选择预计到港与离港时间，选择完成会出现橘色部分，双击打开橘色部分，选择船期，单击【保存】→【提交】，如图 6-3 所示。

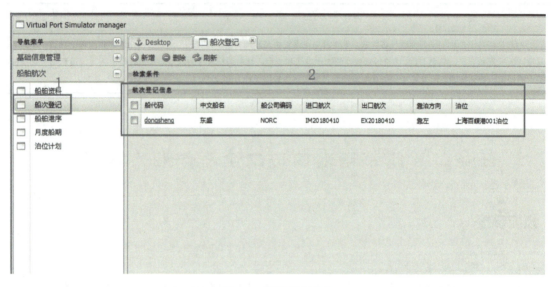

图 6-1　船次登记信息

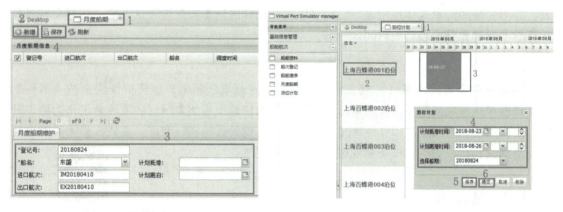

图 6-2　月度船期　　　　　　　　图 6-3　泊位计划

5. 单击【进口卸船】→【进口船图录入与修改】，选择进口航次，单击【查询】，勾选集装箱信息前的复选框，然后单击【提交】，如图 6-4 所示。

6. 单击【进口舱单录入】，选择进口航次，单击【查询】，勾选提单信息前的复选框，然后单击【提交】，如图 6-5 所示。

7. 单击【船图舱单校核】，选择进口航次，单击【查询】，出现船图舱单集装箱信息，单击【复核】→【提交】，如图 6-6 所示。

8. 单击【卸船堆存计划（模糊）】，选择进口航次，单击【分类】后出现船舶航次信息，勾选 40ft（注意其他尺寸的集装箱）的集装箱信息前面的复选框，在【箱区】中选择"2C"并选择 10 贝位（注意，20ft 的集装箱用奇数表示，40ft 的集装箱用偶数表示；红色和蓝色位置表示已有集装箱存放，空白位置表示目前没有集装箱，可以选择），堆场计划区域选择"2C10"，再单击【保存】，如图 6-7 所示。

子项目六 集装箱港口进口全程作业方案设计与实施

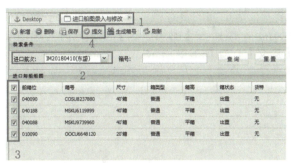

图 6-4 进口船图

图 6-5 进口舱单

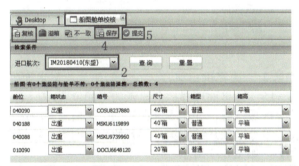

图 6-6 船图舱单

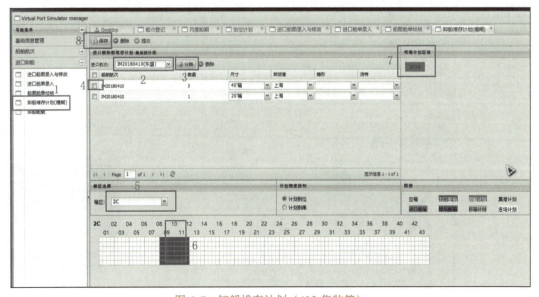

图 6-7 卸船堆存计划（40ft 集装箱）

139

9. 勾选20ft的集装箱信息前面的复选框，在2C箱区中选择07贝位，堆场计划区域选择"2C07"，单击【保存】，然后在【船舶航次】里面同时勾选20ft和40ft集装箱信息前面的复选框，再单击【提交】，如图6-8所示。

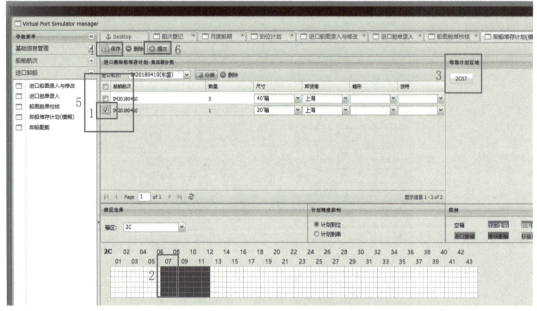

图6-8 卸船堆存计划（20ft集装箱）

10. 单击【卸船配载】，选择进口航次，在【船舶航次】里面勾选20ft集装箱信息前面的复选框，在【船图配载信息】里面选择棕色显示的可配位置，在【计划区域】单击"2C07"，会在其下方出现堆存计划区域信息，并在【堆存计划区域信息】中选择最底层中的任意一个（不能选择上面的位置，堆存必须从地面第一层开始，否则集装箱就会悬空，堆存计划不会成功），再单击【保存】，如图6-9所示。

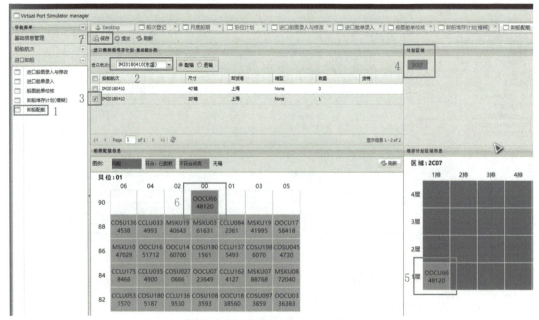

图6-9 卸船配载（20ft集装箱）

11. 用同样的方法操作 40ft 集装箱，在【船舶航次】里面勾选 40ft 集装箱信息前面的复选框，在【船图配载信息】里面选择棕色显示的可配位置，在【计划区域】单击"2C10"，会在其下方出现堆存计划区域信息，并在【堆存计划区域信息】中选择最底层中的任意一个位置，再单击【保存】→【提交】，如图 6-10～图 6-12 所示。

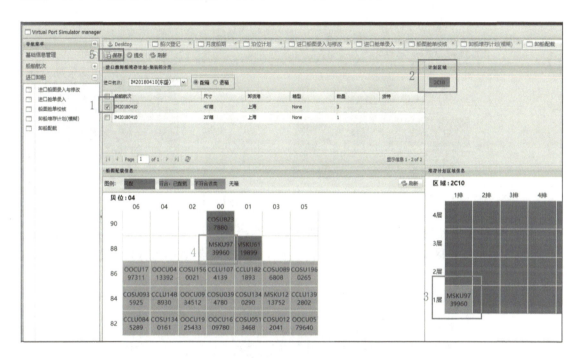

图 6-10　卸船配载（40ft 集装箱 MSKU9739960）

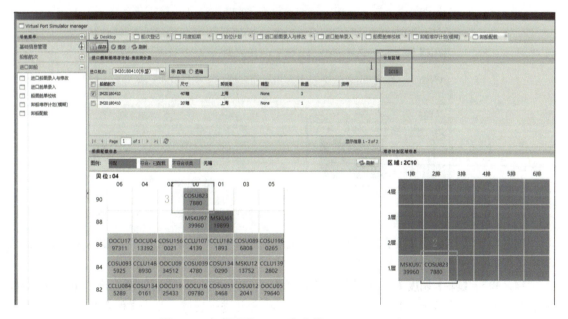

图 6-11　卸船配载（40ft 集装箱 COSU8237880）

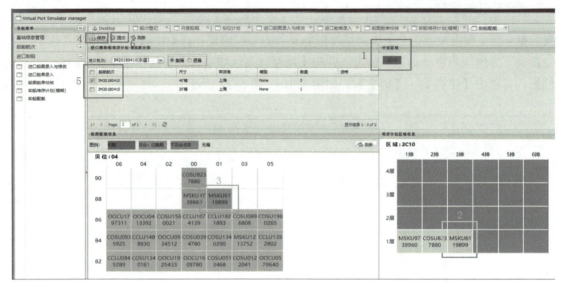

图 6-12 卸船配载（40ft 集装箱 MSKU6119899）

12．单击【中控调度】→【龙门吊调度】，选择龙门吊编码，在【堆场信息】中的 2C 区域中单击绿色区域，在【调度区域】中选择"2C"，然后单击【保存】，如图 6-13 所示。

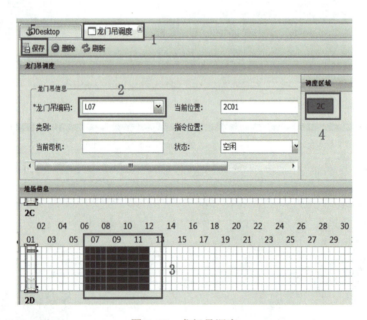

图 6-13 龙门吊调度

13．单击【作业线调度】→【进口】，选择航次，依次选择"Q01"、D01 和 D04 后，单击【保存】→【提交】，如图 6-14 所示。

14．单击【集卡调度】，在【作业路信息】中勾选"Q01"前面的复选框，单击【要箱车辆】下方的数量部分，在【集卡信息】中选择集卡并进行安排，单击【保存】→【提交】，如图 6-15 所示。

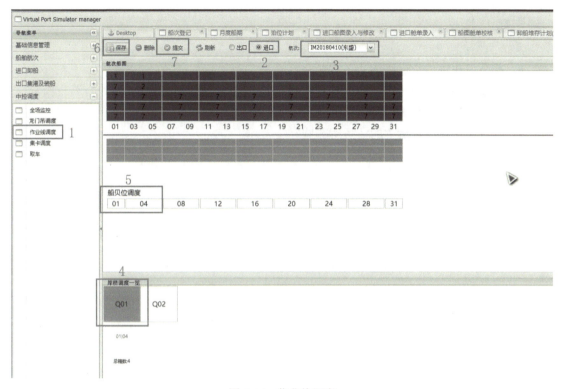

图 6-14 作业线调度

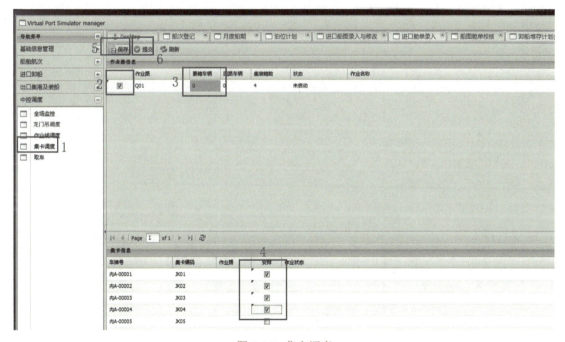

图 6-15 集卡调度

15. 按照前面任务的操作方法，完成后续卸船作业和重箱出场作业操作。

思考题：

1. 船公司在进口货运中的业务有哪些？
2. 港口堆场在进口货运中的业务有哪些？
3. 集装箱货运站在进口货运中的业务有哪些？
4. 收货人在进口货运中的业务有哪些？

子项目七

集装箱港口出口全程作业方案设计与实施

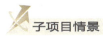 子项目情景

唐晶学习完进口全程作业后，罗浩接着让他学习出口全程作业。

"唐晶，你通过学习进口全程作业总结一下出口全程作业包含哪些内容？"罗浩说。

"出口全程作业包括重箱进场与装船作业。首先，外集卡车司机要将托运人交给我们承运的货物从集装箱货运站运至百蝶港，通过闸口进入集装箱堆场；然后由龙门吊司机将外集卡上的集装箱吊至堆场，外集卡司机将车开回货运站。根据出口作业计划，船舶靠港时，内集卡司机驾驶内集卡至堆场，龙门吊司机操作龙门吊将集装箱吊至内集卡上，内集卡司机将集装箱运至岸边，岸桥司机将内集卡上的集装箱吊至船上，装船任务完成。集装箱从货运站到船舶上的整个过程就是出口全程作业。"唐晶一口气说完，罗浩带着诧异的眼光点了点头，心里不得不佩服这个小姑娘的悟性和学习能力。

随后，罗浩安排唐晶独立完成一次出口全程作业操作。如果你是唐晶，你将如何安排这一系列工作？

  学习目标

【知识目标】

1. 掌握集装箱出口作业的基本流程。
2. 熟悉集装箱港口出口业务主要部门及其工作任务。

【技能目标】

1. 能够根据项目任务书的要求完成出口全程作业计划方案。
2. 能够灵活运用ITOS虚拟运营软件完成出口全程作业的操作。

【素质目标】

1. 培养精益求精的工作态度。
2. 培养科学的求知精神。

任务一　集装箱港口出口全程作业方案设计

知识链接

集装箱港口的出口全程作业可分为三个阶段：重箱进场、出口装船前的准备、出口装船。重箱进场是指出口箱进入港口堆场的过程。出口装船前的准备跟进口业务类似，不同的是多了配载业务。配载计划图决定了后续的装船作业，是装船理货的依据。出口装船就是将集装箱装到船上指定位置的过程。

在装船过程中，岸桥司机在舱内靠近舱壁的区域存在视觉盲区，往往需要岸边理货员协助指挥，以便更好地完成装船作业。

一、发货人在集装箱出口货运中的业务

集装箱运输下，发货人的出口货运业务与普通船运输下发货人应办理的事项区别不大，当然也有集装箱运输所要求的特殊事项，如货物的包装应适应集装箱运输，保证货物所需要的空集装箱，在整箱货运情况下负责货物的配箱、装箱等。发货人在集装箱出口货运中的主要业务包括：

1. 订立贸易合同

作为出口方，发货人（卖方）首先必须与收货人（买方）订立贸易合同。因为无论哪一种运输方式，其运输都是建立在贸易基础上的。这一点与普通船舶运输的做法完全一样，但合同条件有所不同。

2. 备货

出口贸易合同订立后，发货人（卖方）应在合同规定的装运期限内备好出口货物，其数量、品质、包装、标志等必须符合合同规定。

3. 租船订舱

在以 DES 价成交时，发货人负有租船订舱责任。特别是在出口特殊货物而需采用特殊集装箱运输时，发货人的这一责任则显得尤为重要。由于一般集装箱船对特殊集装箱的装载数量有限，发货人应尽早订舱。

4. 报关

拼箱货习惯按普通船运输的方法报关，整箱货则通常采用统一报关，因为海关人员到现场审查比较方便，既可以更好地发挥集装箱运输的优势，又可省略一些手续。

5. 货物装箱与托运

报关完毕后，对于整箱货发货人可以直接安排装箱，并在装箱完毕后将货物转运至集装箱港口堆场，取得经港口堆场签署的场站收据。拼箱货经报关后运至集装箱货运站，由货

运站负责装箱并签署场站收据。

6. 投保

出口货物如果是以 CIF 价成交，发货人则需办理投保手续，并支付保险费，或委托货运代理代为投保。

7. 支付运费和签发提单

如果是预付运费，发货人只要出示经港口堆场签署的场站收据，支付全部运费后，承运人或其代理人即签发提单。如果是到付运费，在支付运费后，只需出示提单即可签发提货单。此外，在对签发清洁提单有异议时，发货人可向承运人出具保证书以取得清洁提单。

8. 向收货人（买方）发出装船通知

在以 FOB 价或 DES 价成交条件下，发货人在货物装船完毕后向收货人发出装船通知是合同中的一项要件，如货物的丢失、损害是由于发货人在货物装船完毕后没有向收货人发出装船通知，致使收货人未能及时投保，造成货物的丢失、损害的，由发货人负责赔偿。

二、船公司在集装箱出口货运中的业务

目前在集装箱运输中，船公司仍占据主要地位。因此，船公司作为国际集装箱运输的中枢，如何做好集装箱的配备、掌握货源情况，在各港口之间合理调配集装箱，接受订舱，并以集装箱港口堆场、货运站作为自己的代理人向发货人提供各种服务是极为重要的。从某种意义上说，集装箱运输能否顺利进行，取决于船公司的经营方式。在集装箱出口货运业务中，船公司的主要业务包括：

微课 7-1　船公司在集装箱出口货运中的业务

1. 掌握待运的货源

船公司通常采用下述两种方法掌握待运的货源情况，并据此部署空集装箱计划。

（1）暂定订舱。暂定订舱是指货主或货运代理向承运人或其代理申报的初步订舱计划，一般在船舶到港前 30 天左右提出。由于掌握货源的时间较早，所以对这些货物能否装载到预定的船上，以及这些货物最终托运的数量是否准确，都难以确定。

（2）确定订舱。所谓确定订舱通常在船舶到港前 7～10 天提出，据此可以确定具体的船名、装船的日期。

2. 配备集装箱

在进行集装箱运输之前，首先要配备集装箱，特别是在采用集装箱专用船运输时，由于这种船舶的特殊结构，只能装载集装箱运输，因此，经营集装箱专用船舶的船公司，需要配备适合专用船装载、运输的集装箱。

当然，在实际业务中并不是所有的集装箱都由船公司负责配备，有些货主自己也配有集装箱。此外，还有专门出租集装箱的集装箱租赁公司。要有效地利用船舶的载箱能力，船公司应配备最低数量的集装箱，在进行特殊货物运输时，还应配备特殊的集装箱。

3. 接受托运

发货人或货物托运人根据贸易合同、信用证有关条款的规定，在货物装运期限前向船

公司或其他代理人以口头或书面的形式提出订舱。船公司根据所托运货物的运输要求和配备集装箱情况，决定是否接受这些货物的托运申请。船公司或其代理在订舱单上签署后，则表示已同意接受该货物的运输。船公司接受托运时，一般应了解下述情况：

（1）订舱的货物的详细情况。

（2）运输要求。

（3）装卸港、交接货地点。

（4）由谁负责安排内陆运输。

（5）有关集装箱的种类、规格等。

4．接受货物

（1）集装箱运输下，船公司接受货物的地点如下：

1）集装箱港口堆场。在集装箱港口堆场接受的货物一般是由发货人或集装箱货运站负责装箱并运至港口堆场的整箱货。

2）集装箱货运站。集装箱货运站在作为船公司的代理时接受非整箱货。

3）发货人工厂或仓库。在由船公司负责安排内陆运输时，则在发货人工厂或仓库接受整箱货。

（2）在上述三种接受方式中，船公司都要了解以下几点：

1）是否需要借用空集装箱。

2）所需集装箱的数量及种类。

3）领取空箱的时间、地点。

4）由谁负责安排内陆运输。

5）具体的货物装箱地点。

6）相关特殊事项。

5．装船

通过各种方式接受的货物，按堆场计划在场内堆存，即可装船。装船的一切工作均由港口堆场负责进行。

6．制送主要装船单证

为了能及时向收货人发出装船通知，以及能满足目的港集装箱港口堆场编制卸船计划和相关内陆运输等工作的需要，在集装箱货物装船离港后，船公司或其代理即可缮制有关装船单证，从速送至卸船港。通常，由装船港船公司代理缮制和寄送的单据包括：

（1）提单副本或场站收据副本。

（2）集装箱号码单。

（3）货物舱单。

（4）集装箱装箱单。

（5）积载图。

（6）装船货物残损报告。

（7）特殊货物表。
（8）其他。

三、整装箱港口堆场在出口货运中的业务

微课 7-2　港口堆场在集装箱出口货运中的业务

集装箱港口堆场的主要业务工作是办理集装箱的装卸、转运、装箱、拆箱、收发、交接保管、堆存、捆扎、掏载、搬运，以及承揽货源等。此外，还应负责集装箱的修理、冲洗、熏蒸和有关衡量等工作。

1. 整装箱的交接

发货人和集装箱货运站将由其或其代理人负责装载的集装箱货物运至港口堆场时，港口堆场大门处的工作人员会核对进场集装箱货物的订舱单、收据、装箱单、出口许可证等单据。同时，还应检查集装箱的数量、号码、铅封号码等是否与场站收据记载的相一致；集装箱的外表状况以及铅封有无异常情况，如发现有异常情况，工作人员应在收据栏内注明。如异常情况严重，会影响运输的安全，则应与相关方联系后，决定是否接受这部分货物。对于进场的集装箱，堆场应向发货人、运箱人出具设备收据。

2. 制订堆场作业计划

堆场作业计划是对集装箱在堆场内进行装卸、搬运、贮存、保管的安排，这是为了经济、合理的使用港口堆场和有计划地进行集装箱装卸工作而制订的。堆场作业计划的主要内容包括：

（1）确定空箱、实箱的堆放位置和堆高层数。
（2）装船的集装箱应按先后到港顺序和集装箱的种类、规格、载重量分别堆放。
（3）同一货主的集装箱应尽量堆放在一起。

3. 集装箱的装船

为了能在最短时间内完成装船工作，港口堆场应在船舶到港受载前，根据订舱单，先后到港的卸箱顺序，制订出船舶积载图和装船计划。港口堆场根据收据和装箱单，按装船计划装船。装船完毕后，由船方在装箱单、收据、积载图上签字，作为确认货物装船的凭证。

4. 对特殊整装箱的处理

对堆存在场内的冷藏集装箱应及时接通电源，每天还应定时检查冷藏集装箱和冷冻机的工作状况是否正常，箱内温度是否保持在货物所需要的范围内。在装卸和出入场内时，应及时解除电源。对于危险品集装箱，应根据可暂时存放和不能存放两种情况分别处理：能暂存的货箱应堆存在有保护设施的场所，而且堆放的数量不能超出许可的限度；不能暂存的货箱应在装船预定时间内，进场后立即装上船舶。

5. 与船公司的业务关系

（1）集装箱港口应保证以下几点：

1）根据船期表提供合适的泊位。
2）船舶靠泊后，及时提供足够的劳力与机械设备，以保证船舶速遣。
3）适当掌握和注意船方设备，不违章操作。
（2）船公司应保证以下几点：
1）确保船期，在船舶到港前一定时间提出确实到港通知。如船期发生改变，则应及时通知港口。
2）装船前 2～10 天应提供出口货运资料，以满足堆场制订堆场计划、装船计划之需。
3）应及时提供船图，以保证正常作业。如船公司不能按时提供相关资料，则有失去靠泊的可能。
（3）船公司与港口堆场的主要业务包括：
1）收、发箱作业及其附属业务。
2）缮制设备收据，签署场站收据。
3）装、卸箱作业，以及船边至堆场之间的搬运、整理等工作。
4）缮制装、卸箱清单，积载图报送代理公司。
5）接受装、拆箱货物的作业，缮制装箱单。
6）有关集装箱的堆存、转运、冲洗、熏蒸、修理等事项。

四、集装箱货运站出口货运业务

集装箱货运站是集装箱运输的产物，集装箱运输的主要特点之一就是船舶在港时间短，这就要求有足够的货源，卸船完毕后即可装满船开航。集装箱货运站的主要业务就是集、散货物，一般有两种类型：港口型和内陆集散型。集装箱货运站的主要业务包括：

1. 办理货物交接

在货物不足一箱时，一般都运至集装箱货运站，由集装箱货运站根据所托运的货物种类、性质、目的港，将其与其他货物一起拼装在集装箱内，并负责将已装货的集装箱运至港口堆场。

集装箱货运站根据订舱单接受前来托运的货物时，应查明这些货物是否已订舱，如货物已订舱，货运站则要求货物托运人提供收据、出口许可证；然后检查货物的件数是否与收据记载相符、货物的包装是否正常、是否适合集装箱运输等。如无异常情况，货运站在场站收据上签字。反之，则应在收据的备注栏内注明不正常的情况，然后再签字。如不正常的情况较严重，可能会影响以后的运输安全，则应同相关方取得联系，再决定是否接受这些货物。

2. 积载装箱

集装箱货运站根据货物到站的情况，在达到一定数量后，即可开始配箱、装箱。
（1）货物配箱时应注意以下几点：
1）当不同货物混装在同一箱内时，则应根据货物的体积、重量、外包装的强度、货物的性质等情况，将货物分开：包装牢固、重货装在底部，包装不牢、轻货则应装在集装箱上部。

2）货物在箱内的重量分布应均衡，如集装箱某一部位的负荷过重，则有可能使集装箱底部发生弯曲或有脱开的危险。

3）在进行货物堆码时，应根据货物的包装强度，决定堆码的层数。

4）货物与货物之间，应加隔板或隔垫器材，避免货物相互擦伤、沾湿、污损。

5）应根据货物的不同种类、性质、包装，选用不同规格的集装箱。

（2）货物装箱时应注意以下几点：

1）货物的装载应严密整齐，货物之间不得留有空隙，这样不仅可以充分利用箱内容积，还可以避免货物之间相互碰撞而造成损害。

2）应使用清洁、干燥的垫料（胶合板、草席、缓冲器材、隔垫板等），如使用潮湿的物料，易发生货损事故。

3）在装箱完毕后．应采取必要的措施，防止箱口附近的货物倒塌。

4）对装载的货物应完全系牢，防止运输中因摇晃、紧急制动、碰撞而导致货损事故发生。

3．制作装箱单

集装箱货运站在进行货物装箱时，应制作集装箱装箱单，制作时必须准确、清楚。

4．将装载的货箱运至港口堆场

货物装箱完毕后，集装箱货运站在海关监督下加施海关封志，并签发场站收据。同时，应尽快与港口堆场取得联系，将已装货的集装箱运至港口堆场。

五、集装箱港口作业计划的制订

作业计划是由基层管理者制订的、用于完成其工作职责的计划。作业计划根据战术计划确定的具体目标，确定工作流程，划分合理的工作单位，分派任务和资源，以及确定权力和责任。战术计划虽然比较具体，但在时间、预算和工作程序方面还不能满足实际作业的需要，因此，必须制订作业计划。

（一）作业计划的设计

作业计划是为完成任务，利用资源配置设施的一张时间表。作业计划的编制过程可以看作为是生产计划的实施过程，是贯穿在生产系统中的持续不断的活动。作业计划的目的是将年度、季度计划按时间进度分解成为周、日、时的任务，也就是说在短期内准确地为生产系统安排工作负荷。

在设计作业计划系统时，必须保证能有效地发挥下列职能：

（1）以需要能力和实有能力的平衡为基础，为各工作中心或其他指定的工作点分配工作任务单、设备及人员。

（2）决定完成工作任务单的次序，也就是安排任务的优先顺序。

（3）根据日程安排，投入计划任务，这通常称工作任务单的高度。

（4）检查各工作任务单在系统中的完成状况，这通常称作"跟踪"。

(5) 督促拖期的或关键的工作任务单。

（二）项目作业计划

项目是指一系列独特、复杂且相互关联的活动，这些活动有着一个明确的目标，且必须在特定的时间、预算、资源条件下，依据规范完成。就绝大部分项目而言，作业计划的主要工作是对资源进行协调，包括人力、材料、设备等。在建筑业和其他行业的作业计划中，最常用的安排进度的方法是亨利·劳伦斯·甘特在1917年发明的甘特图。

（三）作业计划的甘特图

甘特图，也称条状图，是以图示的方式，通过活动列表和时间刻度形象地表示出了特定项目的活动顺序与持续时间。在甘特图中，横轴表示时间，纵轴表示任务（项目），线条表示在整个期间上计划和实际的活动完成情况。它直观地表明了任务计划在什么时候进行以及实际进展与计划要求的对比。管理者由此可掌握该项任务还剩下哪些工作要做，并可评估工作进度。

（1）甘特图也可用于检查工作完成进度，可表明哪件工作如期完成，哪件工作提前完成或延期完成。甘特图的特点是突出了生产管理中最重要的要素——时间，它的作用主要表现在以下三个方面：

1) 计划产量与计划时间的对应关系。
2) 每日的实际产量与预定计划产量的对比关系。
3) 一定时间内实际累计产量与同时期计划累计产量的对比关系。

（2）甘特图具有简单、醒目和便于编制等特点，在企业管理工作中被广泛应用。甘特图按反映的内容不同，可分为计划图表、负荷图表、机器闲置图表、人员闲置图表和进度表等五种形式。具体的绘制步骤如下：

1) 明确项目牵涉到的各项活动、项目。内容包括项目名称（包括顺序）、开始时间、工期、任务类型和相关联任务。
2) 创建甘特图草图。将所有的项目按照开始时间、工期标注到甘特图上。
3) 确定项目活动依赖关系和时序进度。使用草图，按照项目的类型将项目联系起来，并安排项目进度。
4) 计算单项活动任务的工时量。
5) 确定活动任务的执行人员，适时按需调整工时。
6) 计算整个项目时间。

六、集装箱港口作业应急预案的制定

应急预案指面对突发事件如自然灾害、重特大事故、环境公害及人为破坏时的应急管理、指挥、救援计划等，一般建立在综合防灾规划的基础上。其重要的子系统包括：完善的应急组织管理指挥系统，强有力的应急工程救援保障体系，综合协调、应对自如的相互支持系统，充分备灾的保障供应体系，体现综合救援的应急队伍等。

1. 应急预案的目的

规范集装箱港口事故（事件）应急管理和应急响应程序，确保集装箱港口突发事故（事件）的处置协调、有序、高效，最大限度地减轻经济损失和相应影响，维护企业健康持续稳定发展。为此，特制定百蝶港事故（事件）应急预案。

2. 工作原则

（1）保证集装箱港口卫生，集装箱货物摆放有序。集装箱港口是保证公司正常生产的重要部门之一，整洁、清晰的处置，可保证快速的生产。因此，一定要保证集装箱港口货物摆放合理、干净、整洁，同时要对各类货物摆放做出明确规定，危险品要特别标注，并且存放在特定位置。

（2）安全第一，预防为主。集装箱港口是一个货物集中的地方，安全工作必须放在首位。遵循预防为主、常备不懈的方针，加强集装箱港口安全管理，落实事故预防和隐患控制措施，有效防止集装箱港口安全事故发生。在仓库相关位置安装消防设施，对于易发生危险的箱区，设置2～3个通道，以便出现问题能够迅速解决。

（3）统一指挥，分工负责。由于集装箱港口由生产管理处负责管理，需要设置集装箱港口主管一名，集装箱港口应急预案由生产管理处处长统一管理指挥，处室相关人员辅助管理。对集装箱港口每日或每周进行安全检查，做到责任明确，分工负责。

（4）快速反应，立足自救。在集装箱港口事故（事件）处理和控制中，采取各种必要手段，防止事故（事件）进一步扩大。

3. 制定应急预案的要素

事故（事件）应急预案应当简明，便于有关人员在紧急情况下使用。一方面，预案的主要部分应当是整体应急反应策略和应急行动，具体实施程序应放在预案附录中详细说明；另一方面，预案应有足够的灵活性，以适应随时变化的实际情况。预案的所有内容应缩减为一个简单明了的文件，便于评价和使用。除此之外，预案中非常重要的内容是预案应包括至少六个主要应急反应要素，包括：

（1）应急资源的有效性。
（2）事故（事件）评估程序。
（3）指挥、协调和反应组织的结构。
（4）通报和通信联络程序。
（5）应急反应行动，包括事故（事件）控制、防护行动和救援行动。
（6）培训、演习和预案保持。

根据企业规模和复杂程度的不同，应急预案也存在各种形式。编制小组的另一个任务是使总体预案的格式应用于企业的具体情况。同时，编制小组还应制订如何保证预案的更新，如何进行培训和演习的条款。根据预案格式，可以把一些条款放在总体内容中，或放在附录中。预案编制不是单独、短期的行为，它是整个应急准备中的一个环节。有效的应急预案应该不断进行评价、修改和测试，得以持续改进。

方案设计任务书

方案设计任务书							
子项目名称	集装箱港口出口全程作业方案设计						
任务描述	借助 ITOS 虚拟运营软件，达到对集装箱货物进行合理分配箱位、提高港口堆场装卸效率的目的						
任务成果	集装箱港口出口全程作业设计方案 ITOS 虚拟运营软件操作规范正确						
模仿训练内容	"钱海"号集装箱船隶属于百蝶远洋运输集装箱有限公司，2018年4月10日，"钱海"号靠泊百蝶港集装箱港口，你作为百蝶港的一名港口堆场工作人员，该如何做好机械设备调度以及重箱进场作业，并高效准确地装载该船的集装箱货物呢？ 其中，出口箱进场信息见下表： 出口箱进场信息表						
	箱号	船名	船期	进场要求	箱型/尺寸	备注	卸货港	重量/t
	MSKU3126298	钱海	4月10日	4月6日10:00～4月6日19:00	20GP		奥克兰	16
	MSKU8175464	钱海	4月10日	4月7日13:00～4月8日6:00	40GP		洛杉矶	19
	CCLU7277318	钱海	4月10日	4月5日9:00～4月5日22:00	40GP		东京	22
	COSU4263840	钱海	4月10日	4月6日8:00～4月6日22:00	40GP		东京	21
	任务要求： 1. 请查找并填写集装箱号为 COSU4263840 的设备交接单和装箱单（设备交接单和装箱单模板请参考附录F） 2. 请为这4个集装箱在靠近 1# 泊位的出口箱区中安排具体的位置（计划到贝），写出安排的过程和依据 3. 根据附录 E 中"钱海"号轮船预配船图——字母图（部分）船图制订装船计划（在这些贝位中存放的都是普通集装箱），按照堆场计划编制船舶实配图（①要求画出 01 贝和 04 贝的实配图；②由于船舶安排范围比较广，在此约束一下安排位置：20ft 集装箱安排在 01 贝位，40ft 集装箱安排在 04 贝位） 4. 根据集装箱船装船集装箱的数量、分布位置以及船舶停靠的泊位，安排合适的岸桥；根据堆场计划安排合适的龙门吊；根据装船集装箱的数量安排集卡作业（具体写出设备编号或车牌号） 注：由于本航次船舶装卸量巨大，故只需对出口箱进场信息表中的集装箱进行装卸船，其他集装箱的装卸船作业由系统自动完成						
强化训练内容	"天祥"号集装箱船隶属于百蝶远洋运输集装箱有限公司，2018年4月10日，"天祥"号靠泊百蝶港集装箱港口，你作为百蝶港的一名港口堆场工作人员，该如何做好机械设备调度以及重箱进场作业，并高效准确地装载该船的集装箱货物呢？ 其中，出口箱进场信息见下表： 出口箱进场信息表						
	箱号	船名	船期	进场要求	箱型/尺寸	备注	卸货港	重量/t
	OOCU6727662	天祥	4月10日	4月6日9:00～4月6日19:00	20GP		宁波	15
	MSKU5102612	天祥	4月10日	4月7日10:00～4月8日22:00	40GP		洛杉矶	20
	COSU6426592	天祥	4月10日	4月8日9:00～4月8日22:00	40GP		东京	23
	COSU8872530	天祥	4月10日	4月6日11:00～4月6日22:00	40GP		洛杉矶	21
	任务要求： 1. 请查找并填写集装箱号为 MSKU5102612 的设备交接单和装箱单（设备交接单和装箱单模板请参考附录F） 2. 请为这4个集装箱在靠近 1# 泊位的出口箱区中安排具体的位置（计划到贝），写出安排的过程和依据 3. 根据附录 E 中"天祥"号轮船预配船图——字母图（部分）船图制订装船计划（在这些贝位中存放的都是普通集装箱），按照堆场计划编制船舶实配图（①要求画出 01 贝和 04 贝的实配图；②由于船舶安排范围比较广，在此约束一下安排位置：20ft 集装箱安排在 01 贝位，40ft 集装箱安排在 04 贝位） 4. 根据集装箱船装船集装箱的数量、分布位置以及船舶停靠的泊位，安排合适的岸桥；根据堆场计划安排合适的龙门吊；根据装船集装箱的数量安排集卡作业（具体写出设备编号或车牌号） 注：由于本航次船舶装卸量巨大，故只需对出口箱进场信息表中的集装箱进行装卸船，其他集装箱的装卸船作业由系统自动完成						
子项目方案设计任务书说明							
针对教学任务书给出的学习训练任务数据，学生首先在课堂中和教师一起学习集装箱港口出口全程作业的相关理论知识，学习方案设计的流程和要点。熟悉 ITOS 虚拟运营软件的操作方法和流程，然后根据教师的课堂演示进行学习训练，最后结合知识链接中的知识、管理技能、附录 C 中的方案模板和学习训练任务数据进行方案设计							

任务二　集装箱港口出口全程作业方案实施

> **技能链接**

岸桥操作规范

（一）岸桥作业前的准备工作

1. 外围检查

（1）检查作业周围环境，排除轨道上及轨道两侧黄色警示线内影响大车行走的障碍物。

（2）检查防风拉杆是否固定，拉杆离地面的高度是否安全。

（3）巡视岸桥整机外观是否有明显缺陷，如变形、松脱、漏油等。

2. 解除锚定装置

（1）外围检查结束，司机须将大车防风铁鞋取出，并认真检查确认所有防风铁鞋已经取出并安放至指定位置。

（2）提起海、陆两侧锚定板，在锚定板插销孔上插上锚定销并确认全部安装到位。

3. 设备检查（司机进入司机室后）

（1）检查司机室内各种仪器、仪表、通信设备是否完好。

（2）确认着箱、开闭锁、双箱、单箱指示灯是否完好。

（3）将吊具下放至地面，配合巡机人员对吊具进行检查。

4. 试车检查

作业前司机应对岸桥设备进行试运行，检查各限位是否可靠，各机构运行速度是否正常，运行时有无异响，指示灯是否正常，吊具动作是否正常等。

（二）作业中的基本操作要领

（1）开始作业前系好安全带。

（2）合上主控后，司机不得随意离机。

（3）认真操作，做到精神集中，保持从容、平和的心态进行作业，确认旋锁开闭锁指示灯状态，眼随吊架箱位，余光瞭望，起升平稳，下降轻准，引关慢，就位慢，做好"两头慢"。

（4）机械运行中发生异常情况，应立即停机，并通知值班长，报告故障内容、机械编码，待工程部查明原因后，及时处理后方作业。

（5）坚持"六不吊"：没有指挥手或指挥信号不明不吊，关不正、不牢不吊（带箱、个别锁未开到位），超负荷不吊，关下有人不吊，视线不清不吊，情况不明不吊。

（三）作业后的基本操作程序

（1）作业完毕，吊具上升至 28m，并缩至 20ft，操作小车至通道位置。

（2）司机必须先收起悬臂再操作大车行走至锚定位置。

（3）大车行走到锚定位置后，放下锚定板，塞好防爬靴，安装夹轨器、夹轮器、顶轨器等防滑装置，最后切断主控电源。

（4）做好清洁卫生工作，离开司机室前关好门窗。

（5）下机后，认真填写运行日志，对未修复的故障要详细记录，严格执行交接班制度。

方案实施指导书

1. 在【课程内容】中选择【项目二　集装箱港口进出口作业方案设计与实施】→【子项目二　集装箱港口出口全程作业方案设计与实施】→【任务二　集装箱港口出口全程作业方案实施】，在右侧选择【集装箱港口出口全程作业方案实施（教师演示）】，并单击【进入任务】，人物角色选择【港口调度员】，进入 3D 仿真场景。

微课 7-3　集装箱港口出口全程作业方案实施

2. 人物出现在中控室，走近计算机，根据提示按 <Alt> 键操作计算机，打开虚拟计算机界面上的 ● 进入船舶管理系统。选择【出口集港及装船】→【出口舱单录入】，选择出口航次，勾选【出口舱单信息】中集装箱信息前面的复选框，单击【提交】，如图 7-1 所示。

图 7-1　出口舱单

3. 单击【出口箱进场计划】，选择出口航次，单击【分类】，勾选【船舶航次】中 20ft 集装箱信息前面的复选框，在【箱区选择】中选择"1A"箱区和"07"贝位（注意，20ft 的集装箱用奇数表示，40ft 的集装箱用偶数表示；红色位置表示已有集装箱存放，空白位置表示目前没有集装箱，可以选择），然后单击【保存】，如图 7-2 所示。

4. 选择 40ft 的集装箱信息前面的复选框，在【箱区选择】中选择"1A"箱区和"10"贝位，在【龙门吊作业区域】中选择"1A10"，单击【保存】，如图 7-3 所示。

子项目七 集装箱港口出口全程作业方案设计与实施

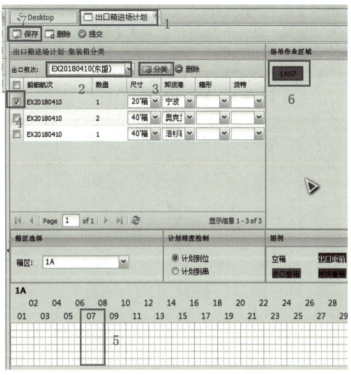

图 7-2 出口箱进场计划（20ft 集装箱）

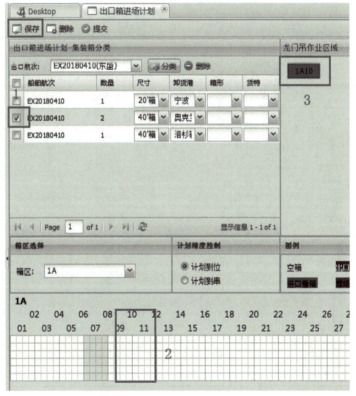

图 7-3 出口箱进场计划（40ft 集装箱 CCLU391549 和 OOCU9973314）

5. 选择其他 40ft 的集装箱信息前面的复选框，在【箱区选择】中选择"1A"箱区和"14"贝位，在【龙门吊作业区域】中选择"1A14"，单击【保存】。然后在【船舶航次】里面同时勾选 20ft 和 40ft 集装箱信息前面的复选框，再单击【提交】，如图 7-4 所示。

6. 单击【中控调度】→【龙门吊调度】，选择"L01"龙门吊，单击"1A"区域，在调度区域出现"1A"后单击【保存】，如图 7-5 所示。

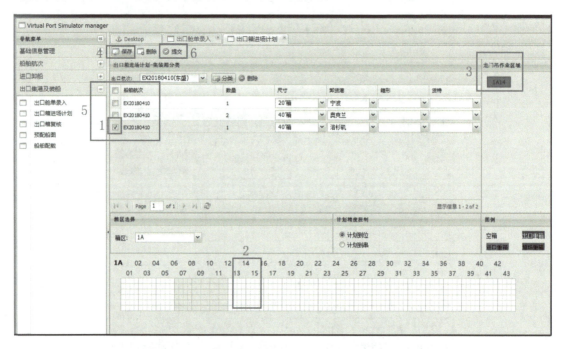

图 7-4　出口箱进场计划（40ft 集装箱 CCLU3075460）

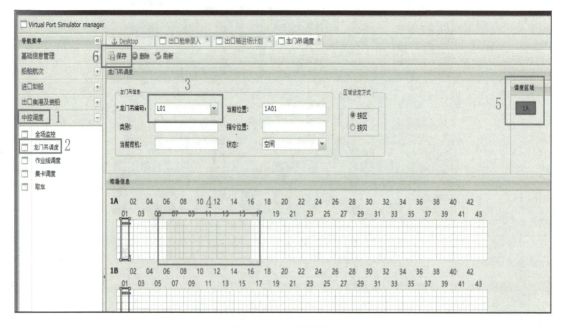

图 7-5　龙门吊调度

7. 按照前面任务的操作方法，完成重箱进场作业操作。

8. 单击【出口集港及装船】→【出口箱复核】，选择出口航次，单击【查询】，勾选集装箱前面的复选框后，单击【复核】→【提交】，如图7-6所示。

9. 单击【预配船图】，选择出口航次，卸货港选择【宁波】，在【船图：侧截面图预览】中选择"D01"（预配20ft的集装箱），然后在【船贝位信息】选择空白位置进行预配，预配成功会变成蓝色，单击【保存】，如图7-7所示。

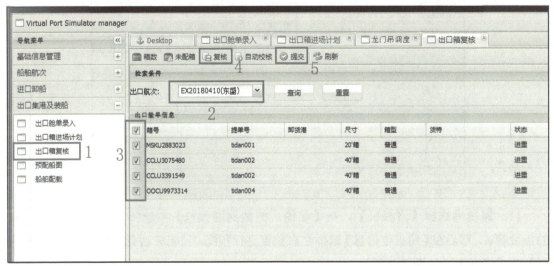

图7-6　出口箱复核

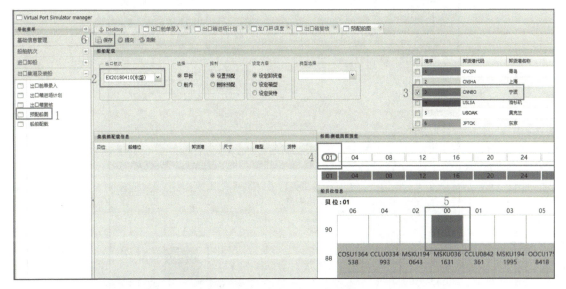

图7-7　预配船图（20ft集装箱）

10. 卸货港选择【奥克兰】，在【船图：侧截面图预览】中选择"D04"（预配40ft的集装箱），然后在【船贝位信息】选择空白位置进行预配，预配成功会变成黄色，单击【保存】，如图7-8所示。

159

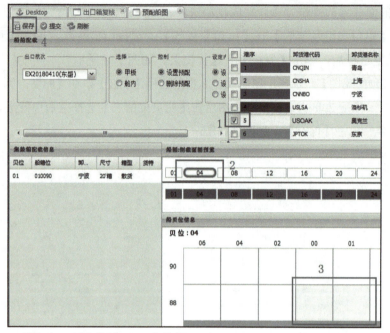

图 7-8　预配船图（40ft 集装箱 CCLU3391549 和 OOCU9973314）

11. 卸货港选择【洛杉矶】，在【船图：侧截面图预览】中选择"D08"（预配 40ft 的集装箱），然后在【船贝位信息】选择空白位置进行预配，预配成功会变成紫色，单击【保存】→【提交】，如图 7-9 所示。

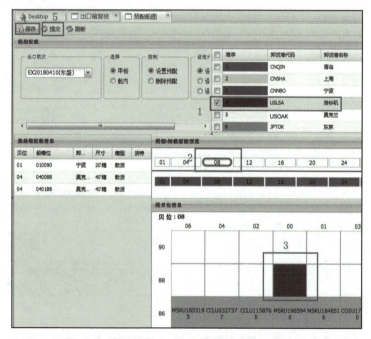

图 7-9　预配船图（40ft 集装箱 CCLU3075480）

12. 单击【船舶配载】，选择出口航次，卸货港选择【宁波】，勾选 20ft 的集装箱前面的复选框，在【船图：侧截面图预览】中选择"D01"的部分（下图中红色方框 5 标注的部分),在【集装箱配载信息】中选择需要配载的集装箱,然后在【船贝位信息】中单击绿色部分进行配载,最后单击【保存】→【提交】,如图 7-10 所示。

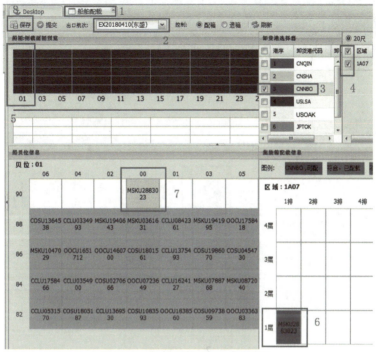

图 7-10 船舶配载(20ft 集装箱)

13. 选择 40ft 的集装箱,并勾选前面的复选框,在【船图:侧截面图预览】中选择 "D04" 和 "D08" 的部分,在【集装箱配载信息】中选择需要配载的集装箱,然后在【船贝位信息】中单击绿色部分进行配载,再单击【保存】→【提交】,如图 7-11～图 7-13 所示。

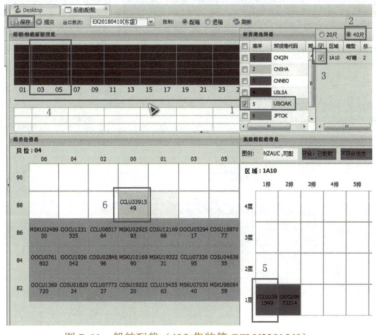

图 7-11 船舶配载(40ft 集装箱 CCLU3391549)

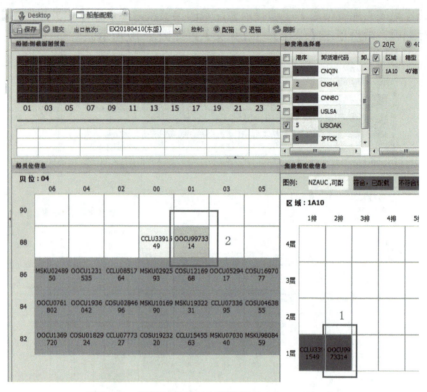

图 7-12 船舶配载（40ft 集装箱 OOCU9973314）

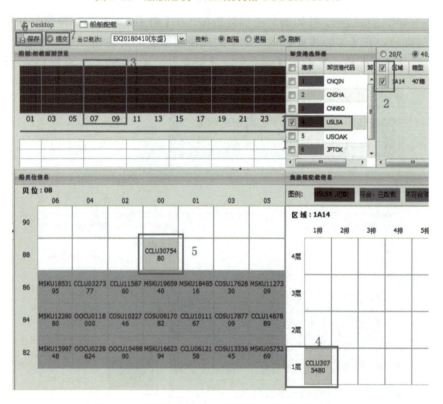

图 7-13 船舶配载（40ft 集装箱 CCLU3075480）

14．单击【月度船期】→【新增】，在【月度船期维护】中录入登记号并选择船名，单击【保存】，如图 7-14 所示。

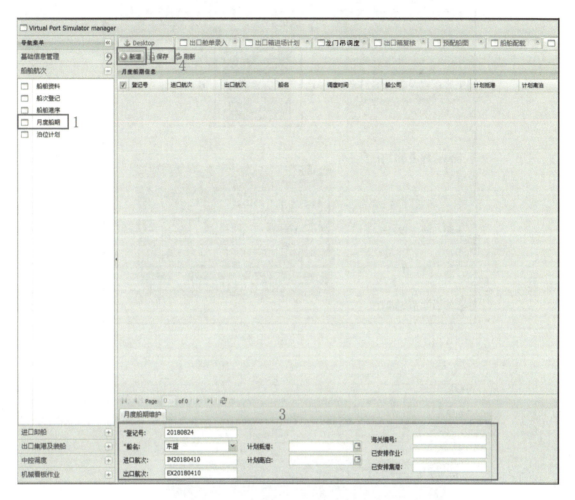

图 7-14　月度船期

15．单击【泊位计划】，选择 001 泊位，拖动鼠标选择预计到港与离港时间，选择完成会出现橘色部分，双击打开橘色部分，选择船期，单击【保存】→【提交】，如图 7-15 所示。

16．单击【中控调度】→【作业线调度】，选择航次，在【岸桥调度一览】中选择"Q01"部分，选择成功后会变成蓝色。在【船贝位调度】中选择 D01、D04、D08 部分，选择成功后会变成蓝色。单击【保存】→【提交】，如图 7-16 所示。

17．单击【集卡调度】，在【作业信息】中勾选"Q01"前面的复选框，单击【要箱车辆】下方的数量部分，在【集卡信息】中选择集卡并进行安排（车辆数量不能大于最大集卡数），然后单击【保存】→【提交】，如图 7-17 所示。

18．按照前面任务的操作方法，完成后续装船作业操作。

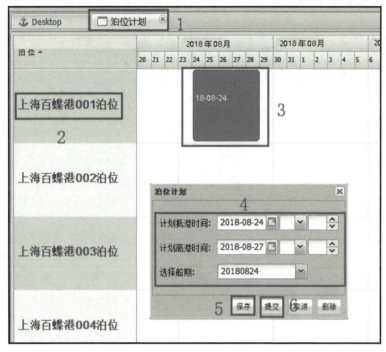

图 7-15 泊位计划

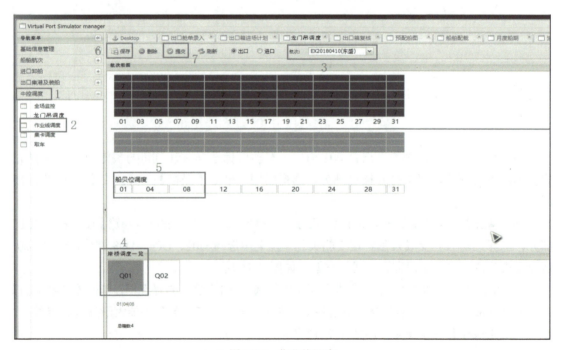

图 7-16 作业线调度

子项目七　集装箱港口出口全程作业方案设计与实施

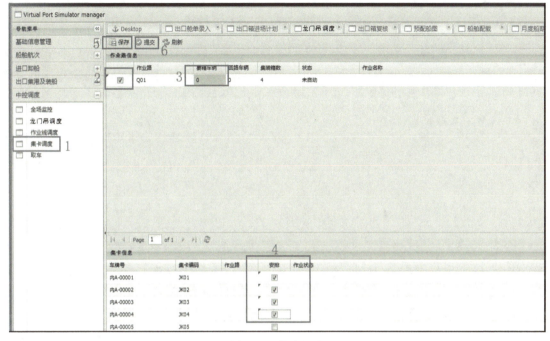

图 7-17　集卡调度

思考题：

1. 船公司在出口货运中的业务有哪些？
2. 港口堆场在出口货运中的业务有哪些？
3. 集装箱货运站在出口货运中的业务有哪些？
4. 收货人在出口货运中的业务有哪些？

项目三

集装箱港口综合作业优化方案设计与实施

项目背景

百蝶航运集团业务经营范围涵盖国内沿海及长江普通货船运输、国际船舶普通货物运输、国际船舶管理、货物及技术进出口、货物运输代理、船舶代理、船舶设备维修、煤炭贸易及商务咨询等。

作为百蝶航运集团旗下的专业多用途船公司,百蝶航运特运的船舶节能环保、适货性强,长期着力从事包括钻井平台、挖泥船、舰艇、火车头、风车、岸桥、成套设备等远洋运输市场中超长、超重、超大件、不适箱以及有特殊运载、装卸要求的货载运输。

百蝶航运特运努力推动服务创新,凭借完善的全球营销网络、特色的全面流程管理体系,服务从"港到港"的运输向"门到门"的全程物流延伸、"海上运输"向"海上运输加安装"转变。公司同时瞄准市场最先进水平和客户要求,与科研机构、高等院校等专业研究机构结成合作伙伴关系,研究开发高技术、高难度的运输服务解决方案,满足并超越客户的期望。

百蝶航运特运建立了与国际先进水平相适应的管理体系,在满足 ISM 规则、ISPS 规则、海事劳工公约 MLC2006 等国际强制性法规要求的基础上,导入了 ISO9001、ISO14001、OHSAS18001 等管理体系标准,并以满足强制性规范和标准为前提,围绕客户安全需求和管理提升需求两个重点,构建了 QHSE 管理体系。高标准的国际化、专业化管理,使百蝶航运特运形成了持续稳定的安全保障与环境保护机制,始终为客户提供稳定可靠的特种专业运输服务。

子项目八

集装箱港口综合作业优化方案设计与实施（单人作业）

 **子项目情景**

"唐晶，你前面学习的都是一些单项业务操作，接下来学习综合业务操作。"罗浩说。

"师傅，综合业务操作不就是前面学习的进口全程业务吗？"唐晶问道。

"综合业务包括进口全程业务和出口全程业务，也就是要根据船期先进行重箱进场再卸船，然后重箱出场，最后装船。你还记得重箱进场业务的操作流程吗？"罗浩说。

"第一步是将本次需要装船的集装箱从货运站运至堆场，再将需要卸船的货物卸到相应堆场，接下来堆场提箱，然后再进行装船。"唐晶回答。

"说得没错，那你知道为什么要先进行重箱进场吗？"罗浩问。

"因为在船靠泊前将需要装船的集装箱提前放到堆场，这样等船舶到了之后可以立即装船，提高船舶的装卸效率。"唐晶说。罗浩听完微笑着点点头。

唐晶经过一个月的实习，已经熟悉了集装箱港口综合业务操作，接下来将自己独立完成一次集装箱港口综合业务操作。如果你是唐晶，你将如何安排这一系列工作？

 学习目标

【知识目标】

1. 掌握集装箱港口综合作业的基本流程。
2. 熟悉集装箱港口综合作业优化的途径及方法。

【技能目标】

1. 能够根据项目任务书的要求完成集装箱港口综合作业计划优化方案。
2. 能够灵活运用ITOS虚拟运营软件完成集装箱港口单人综合作业优化方案的实施。

【素质目标】

1. 培养系统思考的意识。
2. 培养精益求精的大国工匠精神。

子项目八 集装箱港口综合作业优化方案设计与实施（单人作业）

任务一 集装箱港口单人综合作业优化方案设计

方案设计任务书

方案设计任务书	
子项目名称	集装箱港口单人综合作业优化方案设计
任务描述	借助 ITOS 虚拟运营软件，达到对集装箱货物进行合理分配箱位、提高港口堆场装卸效率的目的
任务成果	集装箱港口单人综合作业优化设计方案 ITOS 虚拟运营软件操作规范正确
模仿训练内容	5月10日，百蝶港接到通知，"富强"号集装箱船即将停靠百蝶港，船长150m，原定靠泊时间安排是3:00到锚地，4:00靠泊码头，5:00开始装卸作业。作业量如下：装20ft集装箱1 600个、40ft集装箱600个，卸20ft集装箱100个、40ft集装箱200个；计划用2台岸桥同时进行作业（注：岸桥装卸效率为每台每小时30个） 请根据作业任务要求做好堆场计划、船舶泊位计划等进口卸船作业计划以及重箱出场计划，等待船舶停靠后迅速展开作业 其中，集装箱卸船信息见下表： 卸船信息表 | 箱号 | 尺寸/箱型 | 空重 | 重量/KG | 卸货港 | 交接方式 | |---|---|---|---|---|---| | MSKU2339112 | 40GP | F | 19 000 | 上海 | 进口重箱，堆场提箱 | | OOCU9583770 | 20GP | F | 17 000 | 上海 | 进口重箱，堆场提箱 | | OOCU4688870 | 40GP | F | 21 000 | 上海 | 进口重箱，堆场提箱 | 装船信息见下表： 装船信息表 | 箱号 | 船名 | 船期 | 进场要求 | 箱型/尺寸 | 备注 | 卸货港 | 重量/t | |---|---|---|---|---|---|---|---| | MSKU6952966 | 富强 | 5月10日 | 5月6日1:00～5月6日19:00 | 20GP | | 宁波 | 15 | | CCLU7305908 | 富强 | 5月10日 | 5月7日6:00～5月7日22:00 | 40GP | | 洛杉矶 | 19 | | OOCU4039315 | 富强 | 5月10日 | 5月8日6:00～5月8日22:00 | 40GP | | 奥克兰 | 20 | 任务要求： 1. 请根据"富强"集装箱船的装卸任务计算船舶离港时间，并画出泊位策划图，要求在泊位分配策划图中绘制出"富强"号的泊位计划，标出船名、船长、预计到港时间、预计离港时间、卸箱量、装箱量等信息 2. 根据堆场计划信息及卸船集装箱信息为本次卸船集装箱安排具体的堆放箱区 3. 计算安排的箱区的堆存能力 4. 根据出口箱进场信息及堆放原则安排出口箱的堆放顺序 5. 根据出口箱堆放的原则，合理安排出口箱位 6. 填写重箱出场设备交接单与装箱单 7. 根据附录E中"富强"号轮船预配船图——字母图（部分）船图制订装船计划（在这些贝位中存放的都是普通集装箱），按照堆场计划编制船舶实配图（①要求画出01贝和04贝的实配图；②由于船舶安排范围比较广，在此约束一下安排位置：20ft集装箱安排在01贝位，40ft集装箱安排在04贝位） 8. 根据集装箱船装船集装箱的数量、分布位置以及船舶停靠的泊位，安排合适的岸桥；根据堆场计划安排合适的龙门吊；根据装船集装箱的数量安排集卡作业（具体写出设备编号或车牌号） 注：由于本航次船舶卸量巨大，故只需对装卸船信息表中的集装箱进行装卸船，其他集装箱的装卸船作业由系统自动完成

（续）

	方案设计任务书
强化训练内容	5月10日，百蝶港接到通知，"渤海"号集装箱船即将停靠百蝶港，船长150m，原定靠泊时间安排是16:00到锚地，17:00靠泊码头，18:00开始装卸作业。作业量如下：装20ft集装箱1 000个、40ft集装箱800个，卸20ft集装箱200个、40ft集装箱100个；计划用2台岸桥同时进行作业（注：岸桥装卸效率为每台每小时30个） 请根据作业任务要求做好堆场计划、船舶泊位计划等进口卸船作业计划以及重箱出场计划，等待船舶停靠后迅速展开作业 其中，集装箱卸船信息见下表： 卸船信息表 {见下表1} 装船信息见下表： 装船信息表 {见下表2} 任务要求： 1. 请根据"渤海"集装箱船的装卸任务计算船舶离港时间，并画出泊位策划图，要求在泊位分配策划图中绘制出"渤海"号的泊位计划，标出船名、船长、预计到港时间、预计离港时间、卸箱量、装箱量等信息 2. 根据堆场计划信息及卸船集装箱信息为本次卸船集装箱安排具体的堆放箱区 3. 计算安排的箱区的堆存能力 4. 根据出口箱进场信息及堆放原则安排出口箱的堆放顺序 5. 根据出口箱堆放的原则，合理安排出口箱位 6. 填写重箱出场设备交接单与装箱单 7. 根据附录E中"渤海"号轮船预配船图——字母图（部分）船图制订装船计划（在这些贝位中存放的都是普通集装箱），按照堆场计划编制船实配图（①要求画出01贝和04贝的实配图；②由于船舶安排范围比较广，在此约束一下安排位置；20ft集装箱安排在01贝位，40ft集装箱安排在04贝位） 8. 根据集装箱船装船集装箱的数量、分布位置以及船舶停靠的泊位，安排合适的岸桥；根据堆场计划安排合适的龙门吊；根据装船集装箱的数量安排集卡作业（具体写出设备编号或车牌号） 注：由于本航次船舶卸箱量巨大，故只需对装卸船信息表中的集装箱进行装卸船，其他集装箱的装卸船作业由系统自动完成

卸船信息表

箱号	尺寸/箱型	空重	重量/KG	卸货港	交接方式
MSKU4736145	40GP	F	19 000	上海	进口重箱，堆场提箱
MSKU9504353	20GP	F	17 000	上海	进口重箱，堆场提箱
CCLU4054373	40GP	F	21 000	上海	进口重箱，堆场提箱

装船信息表

箱号	船名	船期	进场要求	箱型/尺寸	备注	卸货港	重量/t
CCLU4363937	渤海	5月10日	5月6日8:00～5月6日19:00	20GP		宁波	15
OOCU5978391	渤海	5月10日	5月7日12:00～5月8日22:00	40GP		洛杉矶	19
OOCU7547367	渤海	5月10日	5月8日7:00～5月8日22:00	40GP		奥克兰	20

	子项目方案设计任务书说明
	针对教学任务书给出的学习训练任务数据，学生首先在课堂中和教师一起学习集装箱港口综合作业的理论知识，学习方案设计的流程和要点。熟悉ITOS虚拟运营软件的操作方法和流程，然后根据教师的课堂演示进行学习训练，最后结合知识链接中的知识、管理技能、附录C中的方案模板和学习训练任务数据进行方案设计

子项目八　集装箱港口综合作业优化方案设计与实施（单人作业）

任务二　集装箱港口单人综合作业优化方案实施

方案实施指导书

在【课程内容】中选择【项目三　集装箱港口综合作业优化方案设计与实施】→【子项目一　集装箱港口单人综合作业优化方案设计与实施】→【任务二　集装箱港口单人综合作业优化方案实施】，在右侧选择【集装箱港口单人综合作业优化方案实施（教师演示）】，并单击【进入任务】，人物角色选择【港口调度员】，进入3D仿真场景。

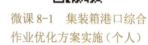

微课 8-1　集装箱港口综合作业优化方案实施（个人）

此任务为综合任务，按照以下流程进行操作：重箱进场→卸船作业→重箱出场→装船作业，具体的操作流程及方法参考项目一和项目二的相关任务，如图 8-1～图 8-4 所示。

图 8-1　重箱进场

图 8-2　卸船作业

图 8-3　重箱出场

图 8-4　装船作业

子项目九

集装箱港口综合作业优化方案设计与实施（小组作业）

 **子项目情景**

"唐晶，你学习完前面的综合业务有什么感想？"罗浩问道。

"我觉得要想做好综合业务，必须要对涉及该业务的岗位人员做好合理分工以及多人协同作业，这样不仅可以提高集装箱港口综合作业的工作效率，而且可以大大提高装卸船的效率，从而节省时间和成本。"

"很好！工作和学习是一样的，要学会从中发现问题，然后想办法解决问题，如果我再让你负责做一次综合作业，你能做得更好吗？前提是各个岗位的人员你都可以安排，但是要注意提高效率，节省成本。"

"谢谢师傅给我这次机会，我相信我可以做得更好！"

唐晶经过一个月的实习，已经熟悉了集装箱港口综合业务操作。假如你是唐晶，该如何安排好人员分工，针对工作过程中可能出现的问题做好应急预案？

 学习目标

【知识目标】

1. 掌握集装箱港口人员岗位职责。
2. 掌握卸船、重箱出场、重箱进场、装船等作业流程。

【技能目标】

1. 能够根据项目任务书的要求完成集装箱港口综合作业进度计划。
2. 能够根据集装箱港口小组综合作业优化方案的要求制定作业应急预案。
3. 能够灵活运用ITOS虚拟运营软件完成集装箱港口小组综合作业优化方案的实施。

【素质目标】

1. 树立严谨认真的工作态度。
2. 培养勇于创新的职业自信。

任务一　集装箱港口小组综合作业优化方案设计

方案设计任务书

方案设计任务书	
子项目名称	集装箱港口小组综合作业优化方案设计
任务描述	借助 ITOS 虚拟运营软件，达到对集装箱货物进行合理分配箱位、提高港口堆场装卸效率的目的
任务成果	集装箱港口小组综合作业优化设计方案 ITOS 虚拟运营软件操作规范正确
模仿训练内容	7月10日，百蝶港接到通知，"隆运"号集装箱船即将停靠百蝶港，船长150m，原定靠泊时间安排是7:00到锚地，8:00靠泊码头，9:00开始装卸作业。作业量如下：装20ft集装箱900个、40ft集装箱800个，卸20ft集装箱200个、40ft集装箱120个；计划用2台岸桥同时进行作业（注：岸桥装卸效率为每台每小时30个） 请根据作业任务要求做好堆场计划、船舶泊位计划等进口卸船作业计划以及重箱出场计划，等待船舶停靠后迅速展开作业 其中，集装箱卸船信息见下表： 卸船信息表 	箱号	尺寸/箱型	空重	重量/KG	卸货港	交接方式
---	---	---	---	---	---
MSKU6246527	40GP	F	21 000	上海	进口重箱，堆场提箱
MSKU3695890	40GP	F	25 000	上海	进口重箱，CFS 拆箱提货
CCLU7351647	20GP	F	16 000	上海	进口重箱，堆场提箱
OOCU3829275	40GP	F	22 000	上海	进口重箱，堆场提箱
COSU6495700	40GP	F	24 000	上海	进口重箱，CFS 拆箱提货 | 装船信息见下表： 装船信息表 | 箱号	船名	船期	进场要求	箱型/尺寸	备注	卸货港	重量/t
---	---	---	---	---	---	---	---
CCLU8604591	隆运	7月10日	7月6日10:00～7月6日19:00	20GP		巴生港	14
COSU6808471	隆运	7月10日	7月7日16:00～7月8日22:00	40GP		深圳	19
COSU9809810	隆运	7月10日	7月8日6:00～7月8日22:00	40GP		新加坡	19
MSKU7215686	隆运	7月10日	7月5日16:00～7月6日22:00	40GP		深圳	14
OOCU9744920	隆运	7月10日	7月5日6:00～7月5日22:00	40GP		深圳	19	 任务要求： 1. 请根据"隆运"集装箱船的装卸任务计算船舶离港时间，并画出泊位策划图，要求在泊位分配策划图中绘制出"隆运"号的泊位计划，标出船名、船长、预计到港时间、预计离港时间、卸箱量、装箱量等信息 2. 根据堆场计划信息及卸船集装箱信息为本次卸船集装箱安排具体的堆放箱区 3. 计算安排的箱区的堆存能力 4. 根据出口箱进场信息及堆放原则安排出口箱的堆放顺序 5. 根据出口箱堆放的原则，合理安排出口箱位 6. 填写重箱出场设备交接单与装箱单 7. 根据附录 E 中"隆运"号轮船预配船图——字母图（部分）船图制订装船计划（在这些贝位中存放的都是普通集装箱），按照堆场计划编制船舶实配图（①要求画出 01 贝和 04 贝的实配图；②由于船舶安排范围比较广，在此约束一下安排位置：20ft 集装箱安排在 01 贝位，40ft 集装箱安排在 04 贝位） 8. 根据集装箱船装船集装箱的数量、分布位置以及船舶停靠的泊位，安排合适的岸桥；根据堆场计划安排合适的龙门吊；根据装船集装箱的数量安排集卡作业（具体写出设备编号或车牌号） 9. 本次模拟百蝶港集装箱港口运作，系统模拟一天中集装箱港口的运作情景，其中需要处理的作业包括了重箱进场、卸船、重箱出场、装船等作业内容，根据以上设计的结果和预案，可以预料到7月10日当天将要进行的作业情景。请按照时间先后顺序和作业的内容将小组成员在一天的集装箱港口综合作业中的工作内容编成作业进度计划表，并用甘特图体现作业进度计划和优化实施过程的内容，还需制定针对可能出现问题的预案 注：由于本航次船舶装卸量巨大，故只需对装卸船信息表中的集装箱进行装卸船，其他集装箱的装卸船作业由系统自动完成

（续）

	方案设计任务书
强化训练内容	7月10日，百蝶港接到通知，"天福"号集装箱船即将停靠百蝶港，船长150m，原定靠泊时间安排是17:00到锚地，18:00靠泊码头，19:00开始装卸作业。作业量如下：装20ft集装箱1 600个、40ft集装箱300个，卸20ft集装箱200个、40ft集装箱160个；计划用2台岸桥同时进行作业（注：岸桥卸船效率为每台每小时30个）。 请根据作业任务要求做好堆场计划、船舶泊位计划等进口卸船作业计划以及重箱出场计划，等待船舶停靠后迅速展开作业 其中，集装箱卸船信息见下表： 卸船信息表 	箱号	尺寸/箱型	空重	重量/KG	卸货港	交接方式
---	---	---	---	---	---
CCLU6127910	40GP	F	21 000	上海	进口重箱，堆场提箱
CCLU8665853	40GP	F	25 000	上海	进口重箱，CFS 拆箱提货
OOCU6669083	20GP	F	16 000	上海	进口重箱，堆场提箱
COSU8992428	40GP	F	22 000	上海	进口重箱，堆场提箱
MSKU7583899	40GP	F	24 000	上海	进口重箱，CFS 拆箱提货 | 装船信息见下表： 装船信息表 | 箱号	船名	船期	进场要求	箱型/尺寸	备注	卸货港	重量/t
---	---	---	---	---	---	---	---
MSKU7151895	天福	7月10日	7月6日 10:00～7月6日 19:00	20GP		新加坡	15
COSU0590443	天福	7月10日	7月7日 16:00～7月8日 22:00	40GP		深圳	19
MSKU8956955	天福	7月10日	7月8日 6:00～7月8日 22:00	40GP		新加坡	20
MSKU9978584	天福	7月10日	7月5日 16:00～7月6日 22:00	40GP		朱拜勒	22
OOCU0066708	天福	7月10日	7月5日 6:00～7月5日 22:00	40GP		新加坡	21	 任务要求： 1. 请根据"天福"集装箱船的装卸任务计算船舶离港时间，并画出泊位策划图，要求在泊位分配策划图中绘制出"天福"号的泊位计划，标出船名、船长、预计到港时间、预计离港时间、卸箱量、装箱量等信息 2. 根据堆场计划信息及卸船集装箱信息为本次卸船集装箱安排具体的堆放箱区 3. 计算安排的箱区的堆存能力 4. 根据出口箱进场信息及堆放原则安排出口箱的堆放顺序 5. 根据出口箱堆放的原则，合理安排出口箱位 6. 填写重箱出场设备交接单与装箱单 7. 根据附录 E 中"天福"号轮船预配船图——字母图（部分）船员制订装船计划（在这些贝位中存放的都是普通集装箱），按照堆场计划编制船舶实配图（①要求画出 01 贝和 04 贝的实配图；②由于船舶安排范围比较广，在此约束一下安排位置：20ft 集装箱安排在 01 贝位，40ft 集装箱安排在 04 贝位） 8. 根据集装箱船装船集装箱的数量、分布位置以及船舶停靠的泊位，安排合适的岸桥；根据堆场计划安排合适的龙门吊；根据装船集装箱的数量安排集卡作业（具体写出设备编号或车牌号） 9. 本次模拟百蝶港集装箱港口运作，系统模拟一天中集装箱港口的运作情景，其中需要处理的作业包括了重箱进场、卸船、重箱出场、装船等作业内容，根据以上设计的结果和预案，可以预料到 7 月 10 日当天将要进行的作业情景。请按照时间先后顺序和作业的内容将小组成员在一天的集装箱港口综合作业中的工作内容编制成作业进度计划表，并用甘特图体现作业进度计划和优化实施过程的内容，还需制定针对可能出现问题的预案 注：由于本航次船舶装卸量巨大，故只需对装卸船信息表中的集装箱进行装卸船，其他集装箱的装卸船作业由系统自动完成

	子项目方案设计任务书说明
	针对教学任务书给出的学习训练任务数据，学生首先在课堂中和教师一起学习集装箱港口综合作业的理论知识，学习方案设计的流程和要点。熟悉 ITOS 虚拟运营软件的操作方法和流程，然后根据教师课堂演示进行学习训练，最后结合知识链接中的知识、管理技能、附录 C 中的方案模板和学习训练任务数据进行方案设计

任务二　集装箱港口小组综合作业优化方案实施

方案实施指导书

在【课程内容】中选择【项目三　集装箱港口综合作业优化方案设计与实施】→【子项目二　集装箱港口小组综合作业优化方案设计与实施】→【任务二　集装箱港口小组综合作业优化方案实施】，在右侧选择【集装箱港口小组综合作业优化方案实施（教师演示）】，并单击【进入任务】。

微课 9-1　集装箱港口综合作业优化方案实施（小组）

此任务属于小组模式，考察小组成员之间的工作协调，需要在开始任务之前分配好各自担任的角色及工作职责，然后以各自的角色依次进入 3D 仿真场景（注意：系统默认第一个进入 3D 场景的为组长，操作过程中组长不能退出，其他成员退出后可以重新进入；如果组长退出，所有成员需要重新进入）。

此任务为综合任务，包含出口全程作业和进口全程作业，具体的操作流程及方法参考项目一和项目二的相关任务，如图 9-1～图 9-4 所示。

小组成员之间单据传递方法如图 9-5～图 9-9 所示。

图 9-1　重箱进场

图 9-2　卸船作业

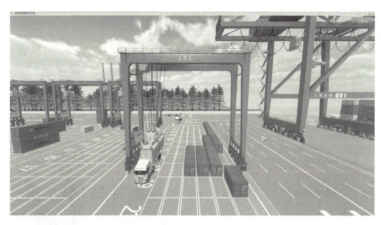

图 9-3　重箱出场

图 9-4　装船作业

图 9-5　面对面站立

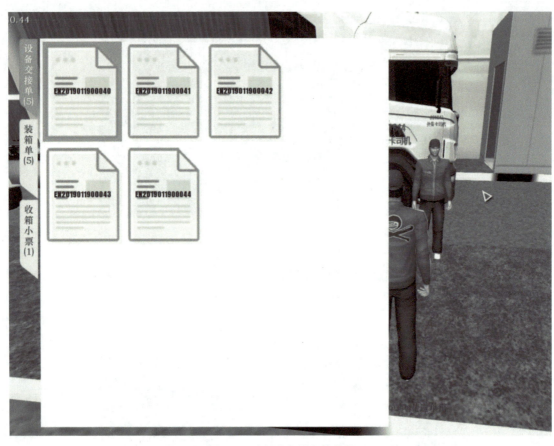

图 9-6　选择准备递交的单据

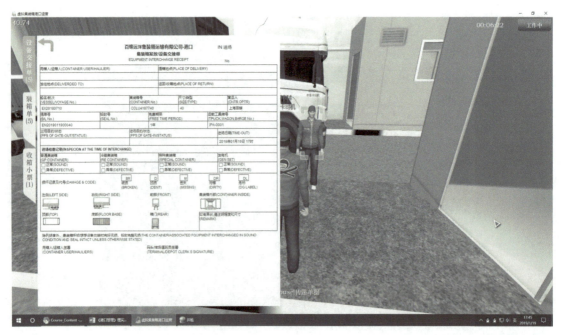

图 9-7　准备传递

子项目九　集装箱港口综合作业优化方案设计与实施（小组作业）

图 9-8　递交单据

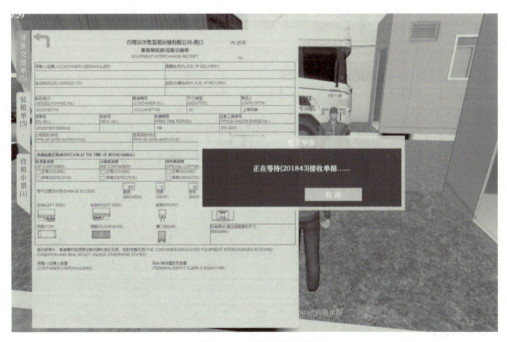

图 9-9　等待接收单据

思考题：

1. 集装箱港口企业各岗位是如何协作的？
2. 影响装卸船效率的因素有哪些？
3. 如何提升港口综合业务各环节的作业效率？

附　录

附录 A　教师演示任务数据

	教师演示任务书
集装箱港口调研	调研背景：在进行集装箱港口货物进出口作业方案设计时，首先要了解集装箱港口运作的基本情况，熟悉集装箱港口布局结构、功能、流程及设施设备规模、堆场的堆存情况、舱单流水、成本结构、作业岗位等相关基础信息，在此基础上才能进行作业方案设计 调研目的：根据任务日期，进入百蝶港（ITOS），通过观察和查询掌握该集装箱港口的布局结构、设施设备规模、堆场存储情况、舱单流水、成本结构、作业岗位等相关基础信息，熟悉集装箱港口各种设施设备的功能和用途 调研方法：观察法和查询法（在 ITOS 系统中观察调研） 调研内容： 1. 集装箱港口有哪些设施设备，参考调研表模板中所列举的项目进行调研（ITOS 系统） 2. 集装箱港口作业岗位及职责调查（ITOS 系统） 3. 1A 场区集装箱堆场情况调研 4. 根据参观调研结合理论知识来判断该集装箱港口属于哪种类型，使用绘图工具 Visio 或 CAD 软件画出集装箱港口的平面结构图 5. 作业成本调查（ITOS 系统） 6. 集装箱港口泊位调研（ITOS 系统） ☆调研模板可参考附录 B 中各表格 调研结果：分析调研数据，根据调研结果撰写调研报告，组织交流讨论
卸船作业	"兴达"号集装箱船隶属于百蝶远洋运输集装箱有限公司，2018 年 1 月 5 日，"兴达"号靠泊百蝶港，船长 150m，原定靠泊时间安排是 5:00 到锚地，6:00 靠泊码头，8:00 开始装卸作业。作业量如下：装 20ft 集装箱 800 个、40ft 集装箱 200 个，卸 20ft 集装箱 100 个、40ft 集装箱 100 个；计划用 2 台岸桥同时进行作业（注：岸桥装卸效率为每台每小时 30 个） 你作为百蝶港的一名港口堆场工作人员，该如何安排卸船作业呢？ 其中，集装箱卸船信息见下表： 卸船信息表 | 箱号 | 尺寸/箱型 | 空重 | 重量/KG | 卸货港 | 交接方式 | |---|---|---|---|---|---| | MSKU7512909 | 20GP | F | 2 000 | 上海 | 进口重箱，堆场提箱 | | CCLU7170989 | 40GP | F | 21 000 | 上海 | 进口重箱，CFS 拆箱提货 | | CCLU5029040 | 40GP | F | 27 000 | 上海 | 进口重箱，CFS 拆箱提货 | 任务要求： 1. 请根据"兴达"集装箱船的装卸任务计算船舶离港时间，并画出泊位策划图，要求在泊位分配策划图中绘制出"兴达"号的泊位计划，标出船名、船长、预计到港时间、预计离港时间、卸箱量、装箱量等信息 2. 根据 ITOS 系统的进口集装箱信息，为本航次中具有代表性的 3 个集装箱进行进口箱堆场详细安排 3. 根据集装箱船卸船集装箱的数量、分布位置以及船舶停靠的泊位，安排合适的岸桥；根据堆场计划安排合适的龙门吊；根据卸船集装箱数量安排集卡作业（具体写出设备编号或车牌号） 4. 根据船图制作卸船计划，编制卸船作业顺序表 注：由于本航次船舶装卸量巨大，故只需对卸船信息表中的集装箱进行装卸船，其他集装箱的装卸船作业由系统自动完成

（续）

	教师演示任务书
重箱出场作业	"兴达"号集装箱船隶属于百蝶远洋运输集装箱有限公司，2018年3月5日，"兴达"号靠泊百蝶港。港口闸口是集装箱港口物流系统的重要组成部分，特别是对闸口进出型港口而言，闸口的布局、通过能力及通过效率直接影响港口物流系统的作业能力和作业效率。随着集装箱吞吐量的不断增长，港口闸口的优化配置已成为业内共同关注的主要问题。但优化闸口的同时，更应关注集装箱港口闸口的业务操作。在闸口检验过程中单证信息的核对检验尤为重要，其中包括了集装箱设备交接单和装箱单，从案例和百蝶港ITOS中搜集相关信息，补充完成这两种单据的信息，依此检验对单据的审查能力。请按任务要求填写下列2个集装箱的设备交接单和装箱单信息（查询不到的信息可以空缺）。 其中，集装箱卸船信息见下表： 卸船信息表 <table><tr><th>箱号</th><th>尺寸/箱型</th><th>空重</th><th>重量/KG</th><th>卸货港</th><th>交接方式</th></tr><tr><td>OOCU7458974</td><td>20GP</td><td>F</td><td>18 000</td><td>上海</td><td>进口重箱，堆场提箱</td></tr><tr><td>COSU2310330</td><td>40GP</td><td>F</td><td>22 000</td><td>上海</td><td>进口重箱，堆场提箱</td></tr></table> 任务要求： 1. 请填写集装箱箱号为OOCU7458974的集装箱设备交接单 2. 请填写集装箱箱号为COSU2310330的提箱小票 3. 请填写集装箱箱号为OOCU7458974的预约单 注：由于本航次船舶装卸量巨大，故只需对卸船信息表中的集装箱进行装卸船，其他集装箱的装卸船作业由系统自动完成
重箱进场作业	2018年3月5日，"兴达"号需要在百蝶港靠泊装船，请在3月4日之前为"兴达"号涉及的出口箱安排好堆场箱位。 注：本次船舶预安排在1#泊位，船舶停靠装卸时间较短，需要加快装船速度（安排在靠近1#泊位的出口箱区） 其中，出口箱进场信息见下表： 出口箱进场信息 <table><tr><th>箱号</th><th>船名</th><th>船期</th><th>进场要求</th><th>箱型/尺寸</th><th>备注</th><th>卸货港</th><th>重量/t</th></tr><tr><td>CCLU8572637</td><td>兴达</td><td>3月5日</td><td>3月2日10:00～ 3月2日19:00</td><td>20GP</td><td></td><td>宁波</td><td>15</td></tr><tr><td>OOCU3635665</td><td>兴达</td><td>3月5日</td><td>3月1日16:00～ 3月2日6:00</td><td>40GP</td><td></td><td>洛杉矶</td><td>19</td></tr></table> 任务要求： 1. 根据附录D——箱区规划信息及任务要求为本次进场的2个集装箱安排合适的箱区 2. 根据出口箱进场信息及堆放原则安排出口箱的堆放顺序 3. 根据出口箱堆放的原则，合理安排出口箱箱位 注：由于本航次船舶装卸量巨大，故只需对出口箱进场信息表中的集装箱进行装卸船，其他集装箱的装卸船作业由系统自动完成
装船作业	"兴达"号集装箱船隶属于百蝶远洋运输集装箱有限公司，2018年1月5日，"兴达"号靠泊百蝶港集装箱港口，你作为百蝶港的一名港口堆场工作人员，该如何做好机械设备调度，并高效准确地装载该船的集装箱货物呢？ 其中，集装箱装船作业信息见下表： 装船作业信息表 <table><tr><th>箱号</th><th>船名</th><th>船期</th><th>进场要求</th><th>箱型/尺寸</th><th>备注</th><th>卸货港</th><th>重量/t</th></tr><tr><td>CCLU7983504</td><td>兴达</td><td>1月5日</td><td>1月2日10:00～ 1月2日23:00</td><td>20GP</td><td></td><td>宁波</td><td>15</td></tr><tr><td>OOCU2050188</td><td>兴达</td><td>1月5日</td><td>1月1日6:00～ 1月2日22:00</td><td>40GP</td><td></td><td>洛杉矶</td><td>19</td></tr><tr><td>COSU8849783</td><td>兴达</td><td>1月5日</td><td>1月3日16:00～ 1月3日22:00</td><td>40GP</td><td></td><td>奥克兰</td><td>20</td></tr></table> 任务要求： 1. 根据附录E中"兴达"号轮船预配船图——字母图（部分）船图制订装船计划（在这些贝位中存放的都是普通集装箱），按照堆场计划编制船舶实配图（①要求画出01贝和04贝的实配图；②由于船舶安排范围比较广，在此约束一下安排位置：20ft集装箱安排在01贝位，40ft集装箱安排在04贝位） 2. 根据集装箱船集装箱的数量、分布位置以及船舶停靠的泊位，安排合适的岸桥；根据堆场计划安排合适的龙门吊；根据装船集装箱的数量安排集卡作业（具体写出设备编号或车牌号） 注：由于本航次船舶装卸量巨大，故只需对装船作业信息表中的集装箱进行装卸船，其他集装箱的装卸船作业由系统自动完成

（续）

	教师演示任务书
进口全程作业	4月10日，百蝶港接到通知，"东盛"号集装箱船即将停靠百蝶港，船长150m，原定靠泊时间安排是4:00到锚地，5:00靠泊码头，6:00开始装卸作业。作业量如下：装20ft集装箱1000个、40ft集装箱300个，卸20ft集装箱200个、40ft集装箱180个；计划用2台岸桥同时进行作业（注：岸桥装卸效率为每台每小时30个） 请根据作业任务要求做好堆场计划、船舶泊位计划等进口卸船作业计划以及重箱出场计划，等待船舶停靠后迅速展开作业 其中，集装箱卸船信息见下表： 卸船信息表 <table><tr><th>箱号</th><th>尺寸/箱型</th><th>空重</th><th>重量/KG</th><th>卸货港</th><th>交接方式</th></tr><tr><td>MSKU9739960</td><td>40GP</td><td>F</td><td>20 000</td><td>上海</td><td>进口重箱，堆场提箱</td></tr><tr><td>OOCU6648120</td><td>20GP</td><td>F</td><td>16 000</td><td>上海</td><td>进口重箱，堆场提箱</td></tr><tr><td>MSKU6119899</td><td>40GP</td><td>F</td><td>23 000</td><td>上海</td><td>进口重箱，堆场提箱</td></tr><tr><td>COSU8237880</td><td>40GP</td><td>F</td><td>22 000</td><td>上海</td><td>进口重箱，堆场提箱</td></tr></table>任务要求： 1. 请根据"东盛"集装箱船的装卸任务计算船舶离港时间，并画出泊位策划图，要求在泊位分配策划图中绘制出"东盛"号的泊位计划，标出船名、船长、预计到港时间、预计离港时间、卸箱量、装箱量等信息 2. 根据堆场计划信息及卸船集装箱信息为本次卸船集装箱安排具体的堆放箱区 3. 计算安排的箱区的堆存能力 4. 根据出口箱进场信息及堆放原则安排出口箱的堆放顺序 5. 根据出口箱堆放的原则，合理安排出口箱位 6. 填写重箱出场设备交接单与装箱单 注：由于本航次船舶卸量巨大，故只需对卸船信息表中的集装箱进行装卸船，其他集装箱的装卸船作业由系统自动完成
出口全程作业	"东盛"号集装箱船隶属于百蝶远洋运输集装箱有限公司，2018年4月10日，"东盛"号靠泊百蝶港集装箱港口，你作为百蝶港的一名港口堆场工作人员，该如何做好机械设备调度以及重箱进场作业，并高效准确地装载该船的集装箱货物呢？ 其中，出口箱进场信息见下表： 出口箱进场信息表 <table><tr><th>箱号</th><th>船名</th><th>船期</th><th>进场要求</th><th>箱型/尺寸</th><th>备注</th><th>卸货港</th><th>重量/t</th></tr><tr><td>MSKU2883023</td><td>东盛</td><td>4月10日</td><td>4月6日10:00～ 4月6日19:00</td><td>20GP</td><td></td><td>宁波</td><td>15</td></tr><tr><td>CCLU3075480</td><td>东盛</td><td>4月10日</td><td>4月7日16:00～ 4月8日22:00</td><td>40GP</td><td></td><td>洛杉矶</td><td>19</td></tr><tr><td>CCLU3391549</td><td>东盛</td><td>4月10日</td><td>4月8日9:00～ 4月8日22:00</td><td>40GP</td><td></td><td>奥克兰</td><td>20</td></tr><tr><td>OOCU9973314</td><td>东盛</td><td>4月10日</td><td>4月6日9:00～ 4月6日22:00</td><td>40GP</td><td></td><td>奥克兰</td><td>21</td></tr></table>任务要求： 1. 请查找并填写集装箱号为CCLU3391549的设备交接单和装箱单（设备交接单和装箱单模板请参考附录F） 2. 请为这4个集装箱在靠近1#泊位的出口箱区中安排具体的位置（计划到贝），写出安排的过程和依据 3. 根据附录E中"东盛"号轮船预配船图——字母图（部分）船图制订装船计划（在这些贝位中存放的都是普通集装箱），按照堆场计划编制船舶实配图（①要求画出01贝和04贝的实配图；②由于船舶安排范围比较广，在此约束一下安排位置：20ft集装箱安排在01贝位，40ft集装箱安排在04贝位） 4. 根据集装箱装船集装箱的数量、分布位置以及船舶停靠的泊位，安排合适的岸桥；根据堆场计划安排合适的龙门吊；根据装船集装箱的数量安排集卡作业（具体写出设备编号或车牌号） 注：由于本航次船舶装卸量巨大，故只需对出口箱进场信息表中的集装箱进行装卸船，其他集装箱的装卸船作业由系统自动完成

(续)

教师演示任务书	
综合作业优化 （单人）	5月10日，百蝶港接到通知，"凌云"号集装箱船即将停靠百蝶港，船长150m，原定靠泊时间安排是1:00到锚地，2:00靠泊码头，3:00开始装卸作业。作业如下：装20ft集装箱1200个、40ft集装箱500个，卸20ft集装箱200个、40ft集装箱80个；计划用2台岸桥同时进行作业（注：岸桥装卸效率为每台每小时30个） 请根据作业任务要求做好堆场计划、船舶泊位计划等进口卸船作业计划以及重箱出场计划，等待船舶停靠后迅速展开作业 其中，集装箱卸船信息见下表： 卸船信息表 	箱号	尺寸/箱型	空重	重量/KG	卸货港	交接方式
---	---	---	---	---	---
CCLU5773788	40GP	F	19 000	上海	进口重箱，堆场提箱
CCLU4182184	20GP	F	17 000	上海	进口重箱，堆场提箱
OOCU6571707	40GP	F	21 000	上海	进口重箱，堆场提箱 | 装船信息见下表： 装船信息表 | 箱号	船名	船期	进场要求	箱型/尺寸	备注	卸货港	重量/t
---	---	---	---	---	---	---	---
MSKU7321564	凌云	5月10日	5月6日10:00～ 5月6日19:00	20GP		宁波	15
CCLU5144893	凌云	5月10日	5月7日16:00～ 5月8日22:00	40GP		洛杉矶	19
CCLU4216556	凌云	5月10日	5月8日6:00～ 5月8日20:00	40GP		奥克兰	20	 任务要求： 1．请根据"凌云"集装箱船的装卸任务计算船舶离港时间，并画出泊位策划图，要求在泊位分配策划图中绘制出"凌云"号的泊位计划，标出船名、船长、预计到港时间、预计离港时间、卸箱量、装箱量等信息 2．根据堆场计划信息及卸船集装箱信息为本次卸船集装箱安排具体的堆放箱区 3．计算安排的箱区的堆存能力 4．根据出口箱进场信息及堆放原则安排出口箱的堆放顺序 5．根据出口箱堆放的原则，合理安排出口箱位 6．填写重箱出场设备交接单与装箱单 7．根据附录E中"凌云"号轮船预配船图——字母图（部分）船图制订装船计划（在这些贝位中存放的都是普通集装箱），按照堆场计划编制船舶实配图（①要求画出01贝和04贝的实配图；②由于船舶安排范围比较广，在此约束一下安排位置：20ft集装箱安排在01贝位，40ft集装箱安排在04贝位） 8．根据集装箱船装船集装箱的数量、分布位置以及船舶停靠的泊位，安排合适的岸桥；根据堆场计划安排合适的龙门吊；根据装船集装箱的数量安排集卡作业（具体写出设备编号或车牌号） 注：由于本航次船舶装卸量巨大，故只需对装卸船信息表中的集装箱进行装卸船，其他集装箱的装卸船作业由系统自动完成

(续)

综合作业优化 （小组）	教师演示任务书
	7月10日，百蝶港接到通知，"长河"号集装箱船即将停靠百蝶港，船长150m，原定靠泊时间安排是9:00到锚地，10:00靠泊码头，11:00开始装卸作业。作业量如下：装20ft集装箱600个、40ft集装箱300个，卸20ft集装箱200个、40ft集装箱100个；计划用2台岸桥同时进行作业（注：岸桥装卸效率为每台每小时30个） 请根据作业任务要求做好堆场计划、船舶泊位计划等进口卸船作业计划以及重箱出场计划，等待船舶停靠后迅速展开作业 其中，集装箱卸船信息见下表： **卸船信息表** 	箱号	尺寸/箱型	空重	重量/KG	卸货港	交接方式
---	---	---	---	---	---
CCLU2686041	40GP	F	21 000	上海	进口重箱，堆场提箱
CCLU5303510	40GP	F	25 000	上海	进口重箱，CFS 拆箱提货
MSKU1411790	20GP	F	16 000	上海	进口重箱，堆场提箱
COSU5290686	40GP	F	22 000	上海	进口重箱，堆场提箱
OOCU0051138	40GP	F	24 000	上海	进口重箱，CFS 拆箱提货 | 装船信息见下表： **装船信息表** | 箱号	船名	船期	进场要求	箱型/尺寸	备注	卸货港	重量/t
---	---	---	---	---	---	---	---
MSKU3625595	长河	7月10日	7月6日 10:00～ 7月6日 19:00	20GP		深圳	16
CCLU4278985	长河	7月10日	7月7日 16:00～ 7月8日 22:00	40GP		新加坡	19
CCLU7776739	长河	7月10日	7月8日 6:00～ 7月8日 22:00	40GP		朱拜勒	20
COSU2430212	长河	7月10日	7月5日 16:00～ 7月6日 22:00	40GP		深圳	22
CCLU4187740	长河	7月10日	7月5日 6:00～ 7月5日 22:00	40GP		新加坡	21	 任务要求： 1. 请根据"长河"集装箱船的装卸任务计算船舶离港时间，并画出泊位策划图，要求在泊位分配策划图中绘制出"长河"号的泊位计划，标出船名、船长、预计到达时间、预计出发时间、卸箱量、装箱量等信息 2. 根据堆场计划信息及卸船集装箱信息为本次卸船集装箱安排具体的堆放箱区 3. 计算安排的箱区的堆存能力 4. 根据出口箱进场信息及堆放原则安排出口箱的堆放顺序 5. 根据出口箱堆放的原则，合理安排出口箱位 6. 填写重箱出场设备交接单与装箱单 7. 根据附录 E 中"长河"号轮船预配船图——字母图（部分）船图制订装船计划（在这些贝位中存放的都是普通集装箱），按照堆场计划编制船舶实配图（①要求画出 01 贝和 04 贝的实配图；②由于船舶安排范围比较广，在此约束一下安排位置：20ft集装箱安排在 01 贝位，40ft集装箱安排在 04 贝位） 8. 根据集装船装船集装箱的数量、分布位置以及船舶停靠的泊位，安排合适的岸桥；根据堆场计划安排合适的龙门吊；根据装船集装箱的数量安排集卡作业（具体写出设备编号或车牌号） 9. 本次模拟百蝶港集装箱港口运作，系统模拟一天中集装箱港口的运作情景，其中需要处理的作业包括了重箱进场、卸船、重箱出场、装船等作业内容，根据以上设计的结果和预案，可以预料到 7 月 10 日当天将要进行的作业情景。请按照时间先后顺序和作业的内容将小组成员在一天的集装箱港口综合作业中的工作内容编制成作业进度计划表，并用甘特图体现作业进度计划和优化实施过程的内容，还需制定针对可能出现问题的预案 注：由于本航次船舶装卸量巨大，故只需对装卸船信息表中的集装箱进行装卸船，其他集装箱的装卸船作业由系统自动完成

附录 B 集装箱港口调研模板（供参考）

表 B-1 集装箱港口设施设备规模调研

调研问题	调查结果
岸桥数量	
龙门吊数量	
集装箱数量	
闸口数量	
CFS 数量	
内集卡数量	
泊位数量及名称	
箱区数量及编号	
外集卡数量	
其他	

表 B-2 集装箱港口作业岗位及职责调查

岗 位	岗 位 职 责

表 B-3 作业成本调查表

成本类型	成本科目	科目名称	成本值

附录 C 方案模板

一、港口运营调研与分析

(一) 港口设施设备调研

在进行方案设计时,首先要了解百蝶港运作的基本情况,掌握集装箱港口设施设备的规模与布局、作业流程、作业岗位等相关基础信息,才能在此基础上进行方案的设计。

一般港口根据集装箱港口装卸作业及业务管理的需求,应具有以下主要设施:泊位、码头前沿、堆场、集装箱货运站、调度指挥中心、检查口和机修车间。请进入百蝶港进行"实地"调研,熟悉其港口各设施布局和范围,并在港区平面图上标注出主要设施的区域位置和范围。港区平面图如图 C-1 所示。

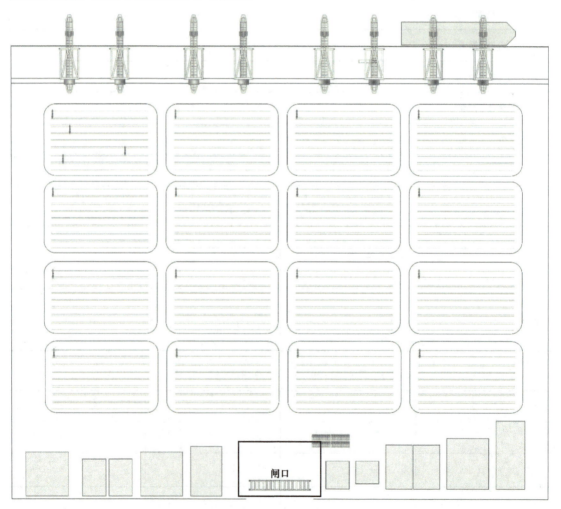

图 C-1 港区平面图

请在百蝶港"实地"调研后自行填写标注,或者在 3D 仿真系统中按 <M> 键调出导航地图,对照填写标注。

进驻百蝶港集装箱港口,实地调研该集装箱港口的设施设备规模,熟悉集装箱港口每种设备的功能用途,将调查结果填入集装箱港口设施设备调研表。集装箱港口设施设备调研表见表 C-1。

表 C-1　集装箱港口设施设备调研表

调研问题	调查结果
龙门吊数量	16 台,分别为 L01～L16
堆场规模	64 个箱区,每个箱区 22 个贝位
闸口规模	8 个进场闸口,8 个出场闸口
堆场编号规则	如 1A0411: 1A 代表箱区(从左往右第 1、2 位) 04 代表箱位(从左往右第 3、4 位) 1 代表第一排(从左往右第 5 位) 1 代表第一层(从左往右第 6 位) 1A0411 代表 1A 箱区第四位第一排第一层
内集卡数量	25 辆

(二)港口装卸工艺分析

港口装卸工艺工作是港口工程的重要组成部分。这一工作是以港口现有的工艺系统与装卸设备为基础,通过挖潜、技术创新和有效的组织,合理运用现有的人力、物力,以达到安全、优质、高效、低消耗的完成港口装卸任务的目的。

请根据之前的集装箱港口设施设备调研情况对百蝶港港口装卸工艺进行分析,描述百蝶港集装箱港口装卸工艺方案,并分析其优缺点,填入下表 C-2。

表 C-2　装卸工艺的种类及优缺点

工艺方案名称:轮胎式龙门吊起重机系统
示意图
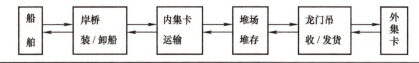
优点:场地利用率高;堆场铺面费用小;设备简单,操作要求低;集装箱损坏率低;占用通道小,可跨箱区;易于实现自动化
缺点:跨箱区作业较耗时;倒垛率较高;需配备集卡,环节多;初始投资较高;耗能较高

二、港口卸船作业计划

6 月 10 日,百蝶港接到通知,"长河"号集装箱船即将停靠百蝶港,请根据作业任务要求做好堆场计划、船舶泊位计划等进口卸船作业计划,等待船舶停靠后迅速展开作业。

（一）进口船舶及航次信息

"长河"号集装箱船隶属于百蝶远洋运输集装箱有限公司，执行中国到美国西南的航线，本航线提供青岛到上海、宁波到美国西南的直航服务，连接美国西南市场、日本市场和中国华北市场，船舶路线图如图 C-2 所示。

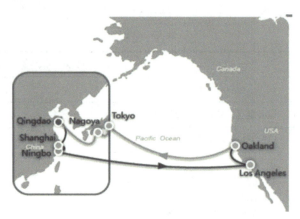

图 C-2　船舶路线图

"长河"号在 6 月份执行的 IM20180610 航次的船期表见表 C-3。

表 C-3　船期表

中国-远东 CHINA TO FAR EAST										
VESSEL	VOYAGE	青岛 QIN		上海 SHA		宁波 NBO		洛杉矶 LSA	
		ETB	ETD	ETB	ETD	ETB	ETD	ETB	ETD
长河	IM20180610	6/10	6/10	6/12	6/12	6/14	6/28	7/1	
		奥克兰 OAK		东京 TOK		名古屋 NAG		青岛 QIN	
		ETB	ETD	ETB	ETD	ETB	ETD	ETB	ETD
		7/3	7/5	7/19	7/20	7/21	7/22	7/25	

（二）泊位计划

根据调查的集装箱港口设施设备规模，特别是泊位计划与卸船作业区的布局，考虑物流动线，从节省货物搬运的角度，如何安排船舶停靠泊位来节省搬运距离，提高工作效率。请对到港船舶停靠泊位做出安排。

6 月 10 日，"长河"号靠泊百蝶港，船长 150m，原定靠泊时间安排是 9:00 到锚地，10:00 靠泊码头，11:00 开始装卸作业。作业量如下：装 20ft 集装箱 600 个、40ft 集装箱 300 个，卸 20ft 集装箱 200 个、40ft 集装箱 100 个；计划用 2 台岸桥同时进行作业。请根据"长河"号集装箱船的装卸任务计算船舶离港时间，并在图 C-3 中完成该码头的泊位计划，要求在泊位分配策划图中绘制出"长河"号的泊位计划，标出船名、船长、预计到港时间、预计离港时间、卸箱量、装箱量等信息。

注：岸桥装卸效率为每台每小时 40 个。

装卸时间的计算公式如下：

$$装卸时间=\frac{装箱量+卸箱量}{岸桥使用台数\times岸桥工作效率}$$

根据计算公式得出：装卸时间为15h。

预计出发时间为6月11日02：00。

泊位计划如图C-3所示（泊位计划结果不唯一）：

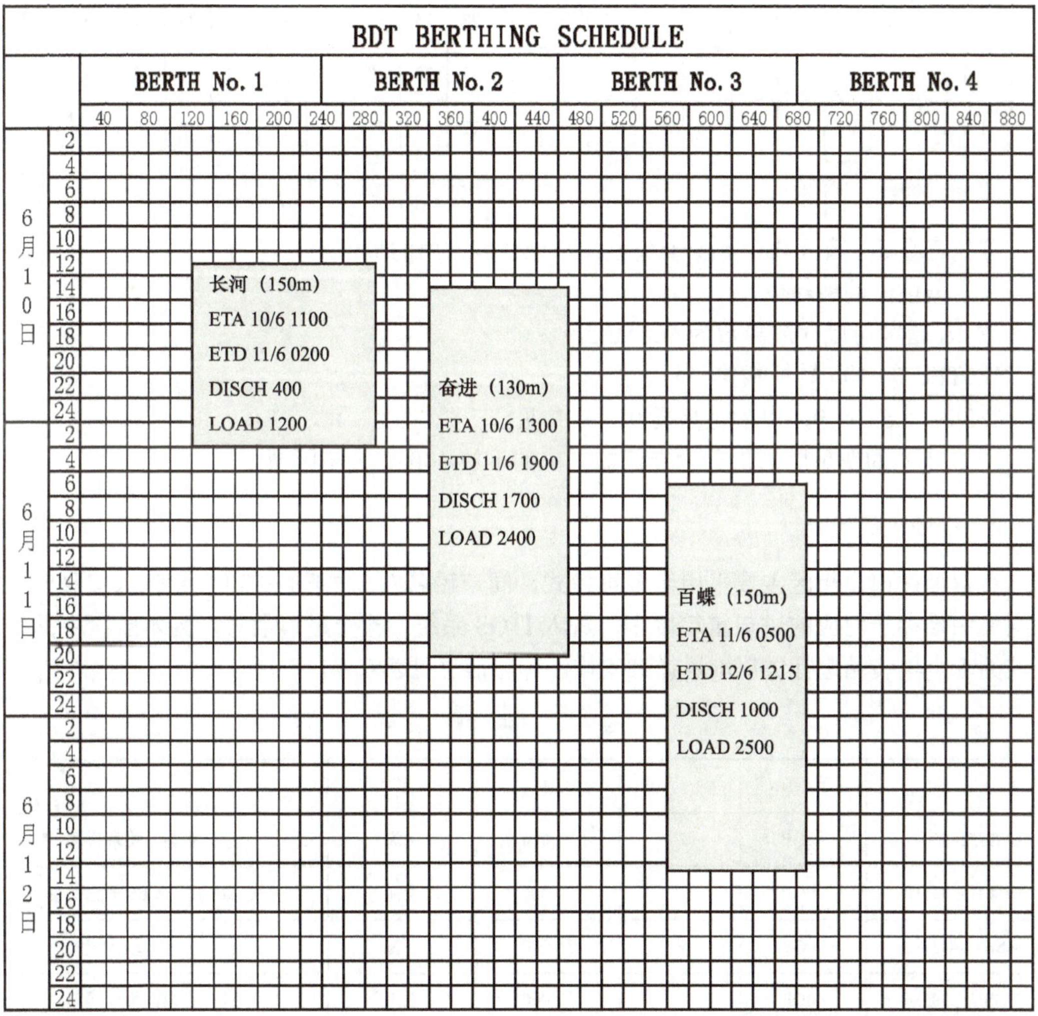
BDT BERTHING SCHEDULE
BERTH No. 1
BERTH No. 2
BERTH No. 3
BERTH No. 4
40 80 120 160 200 240 280 320 360 400 440 480 520 560 600 640 680 720 760 800 840 880
6月10日
6月11日
6月12日
2 4 6 8 10 12 14 16 18 20 22 24
长河（150m）
ETA 10/6 1100
ETD 11/6 0200
DISCH 400
LOAD 1200
奋进（130m）
ETA 10/6 1300
ETD 11/6 1900
DISCH 1700
LOAD 2400
百蝶（150m）
ETA 11/6 0500
ETD 12/6 1215
DISCH 1000
LOAD 2500

Berth-planning 6/9/2018 16:00 PM

注：横轴是以码头泊位长度标尺每20m为一单位格，纵轴是以昼夜每2h为一刻度标的时间轴。

图C-3　昼夜泊位策划图

（三）堆场计划

1. 堆场堆存能力计算

图C-4是2A堆场的平面布局图，根据本次进口作业的要求，需重新规划箱区。计算2A箱区的堆存能力，并规划其中一块180TEU大小的区域专门堆放40ft的集装箱，其余放 20ft 集装箱。请进入集装箱港口运营三维仿真系统，调研 2A 箱区的堆场堆存情况，已占用部分用"X"表示，根据题目要求在图中画出规划结果。

2A	01	03	05	07	09	11	13	15	17	19	21	23	25	27	29	31	33	35	37	39	41	43
	01	03	05	07	09	11	13	15	17	19	21	23	25	27	29	31	33	35	37	39	41	43
	01	03	05	07	09	11	13	15	17	19	21	23	25	27	29	31	33	35	37	39	41	43
	01	03	05	07	09	11	13	15	17	19	21	23	25	27	29	31	33	35	37	39	41	43
	01	03	05	07	09	11	13	15	17	19	21	23	25	27	29	31	33	35	37	39	41	43
	01	03	05	07	09	11	13	15	17	19	21	23	25	27	29	31	33	35	37	39	41	43

图 C-4 2A 堆场平面布局图

首先查看 2A 箱区共有多少个贝位，有无已被占用的贝位。
考虑需预留的翻箱位。
故 2A 箱区可以存放箱数为 462TEU。
180TEU 的 40ft 转换成排、贝、层。
$180/21=8.57 \approx 9$，也就是需要 01～17 贝了。
图 C-4 中的灰色阴影部分为专门规划出的堆放 40ft 集装箱区域。

2．堆场进口计划

百蝶港进口重箱区主要采用半混堆模式，同一船名/航次下的进口集装箱，按照自然箱箱型集中堆存于对应的进口重箱区中。进入 ITOS 系统，检查进口信息，为本航次中具有代表性的 5 个集装箱进行进口堆场详细安排。卸船信息见表 C-4。

表 C-4 卸船信息表

箱　　号	尺寸/箱型	空　重	重量/KG	卸货港	交接方式
CCLU2686041	40GP	F	21 000	上海	进口重箱，堆场提箱
CCLU5303510	40GP	F	25 000	上海	进口重箱，CFS 拆箱提货
MSKU1411790	20GP	F	16 000	上海	进口重箱，堆场提箱
COSU5290686	40GP	F	22 000	上海	进口重箱，堆场提箱
OOCU0051138	40GP	F	24 000	上海	进口重箱，CFS 拆箱提货

请为这 5 个集装箱在 2A 场箱区中安排具体的位置，写出安排的过程和依据。
根据前面计算结果，2A 堆场现在的堆存能力为 462TEU，40ft 集装箱计划堆放在 01～17 贝，其余可放 20ft 集装箱，即 19～43 贝。通过观察可知，有两个集装箱 CCLU5303510 和 OOCU0051138 需要拆箱，所以这两个集装箱不能被压在下面，故安排这 5 个集装箱放入下表中允许的任意位置中（参考答案只提供两个集装箱的安排结果，其他请自行安排）。进口箱进场箱位安排范围见表 C-5。

表 C-5　进口箱进场箱位安排范围

箱　号	箱位范围
CCLU2686041	2A 02 06>>01 1>>4
CCLU5303510	2A 06 06>>01 1>>4

注：箱位范围并不唯一，箱位也不唯一，只要符合前文所述安排范围即可。

（四）卸船作业调度计划

进入百蝶港 ITOS 系统，查找表 C-4 中 5 个集装箱在船图中的位置，并在图 C-5 中标注出来。注意，本次作业的 5 个集装箱都集中在 01、03（04）贝位中。请用蓝色方框标识，标注信息包括集装箱号和箱型／尺寸。

注：灰色框位置表示已经被其他集装箱占用，只是没有标注具体的箱号。

BAY01

010690	010490	010290	010090 MSKU1411790 20GP	010190	010390	010590
010688	010488	010288	010088	010188	010388	010588
010686	010486	010286	010086	010186	010386	010586
010684	010484	010284	010084	010184	010384	010584
010682	010482	010282	010082	010182	010382	010582

图 C-5　贝位图

BAY03（04）

040690	040490	040290 COSU5290686 40GP	040090 OOCU0051138 40GP	040190	040390	040590
040688	040488	040288 CCLU2686041 40GP	040088 CCLU5303510 40GP	040188	040388	040588
040686	040486	040286	040086	040186	040386	040586
040684	040484	040284	040084	040184	040384	040584
040682	040482	040282	040082	040182	040382	040582

BAY05

050690	050490	050290	050090	050190	050390	050590
050688	050488	050288	050088	050188	050388	050588
050686	050486	050286	050086	050186	050386	050586
050684	050484	050284	050084	050184	050384	050584
050682	050482	050282	050082	050182	050382	050582

图 C-5　贝位图（续）

根据集装箱船舶卸船集装箱的数量、分布位置以及船舶停靠的泊位，安排合适的岸桥；根据堆场计划安排合适的龙门吊；根据本次任务中需卸船的集装箱的数量安排集卡作业。请将以上需要安排的机械的信息填入表C-6中（具体写出设备编号或车牌号）。

表 C-6 卸船机械安排计划

机　　械	安 排 结 果
岸桥	Q02
龙门吊	L05
内集卡	内 A-00001、内 A-00002

根据船图制作卸船计划，填写卸船作业顺序表（表C-7）。

观察5个需要卸船的集装箱信息及交接方式，发现有1个20ft集装箱，4个40ft集装箱；OOCU0051138、CCLU5303510，两个集装箱需要进行拆箱，所以应该最后卸船。具体的卸船作业顺序见表C-7。

表 C-7 卸船作业顺序表

卸船作业顺序表					
船名：长河　　航次：IM20180610					
序　号	箱号	尺寸/箱型	空　重	船　箱　位	场　箱　位
1	MSKU1411790	20GP	F	010090	2A1911
2	COSU5290686	40GP	F	040290	2A0211
3	CCLU2686041	40GP	F	040288	2A0212
4	OOCU0051138	40GP	F	040090	2A0611
5	CCLU5303510	40GP	F	040088	2A0621

三、港口重箱进场作业计划

6月10日，百蝶远洋运输集装箱有限公司发来"隆运"号集装箱船的运输EDI相关信息，请根据具体任务内容，设计重箱进场作业计划（由于本次重箱进场的集装箱数量巨大，为了在有限的时间展现完整过程，大部分集装箱的重箱进场任务已由系统自动完成，只需要为剩下的5个集装箱设计重箱堆场作业方案并在仿真系统中执行）。

（一）出口船舶及航次信息

"隆运"号集装箱船隶属于百蝶远洋运输集装箱有限公司，执行中国到西非的航线，本航线连接中国、新加坡和中东地区，船舶路线如图C-6所示。

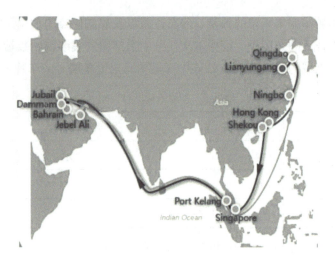

图 C-6 船舶路线图

"隆运"号在 6 月份执行的 EX20180615 航次的船期表见表 C-8。

表 C-8 船期表

中国-中东 CHINA TO MIDDLE EAST												
VESSEL	VOYAGE	连云港 LYG		青岛 QIN		上海 SHA		深圳 SZN				
		ETB	ETD	ETB	ETD	ETB	ETD	ETB	ETD			
隆运	EX20180615		6/12	6/13	6/14	6/15	6/18	6/19	6/22			
		新加坡 SGP		朱拜勒 JUB		巴生港 PKE		连云港 LYG				
		ETB	ETD	ETB	ETD	ETB	ETD	ETB	ETD			
		6/26	6/29	7/14	7/16	8/9	8/10	8/15				

（二）重箱进场闸口作业

港口闸口是集装箱港口物流系统的重要组成部分，特别是对闸口进出型港口而言，闸口的布局、通过能力及通过效率直接影响港口物流系统的作业能力和作业效率。随着集装箱吞吐量的不断增长，港口闸口的优化配置已成为业内共同关注的主要问题。但优化闸口的同时，更应关注集装箱港口闸口的业务操作。在闸口检验过程中对单证信息的核对检验尤为重要，其中包括了集装箱设备交接单（表 C-9）和装箱单（表 C-10）。从案例和百蝶港 ITOS 系统中搜集相关信息，补充完整这两种单据的信息，以此检验对单据的审查能力。请填写集装箱号为 CCLU8604591（用箱人/运箱人为百蝶远洋运输集装箱有限公司，发往地点为深圳，所装货物为配件，共 30 件）的设备交接单和装箱单（查询不到的信息可以空缺）。

设备交接单与装箱单自行根据 ITOS 系统中的单据或案例中的相关信息进行对应填写。

表 C-9　集装箱设备交接单

百蝶远洋运输集装箱有限公司　　IN 进场

集 装 箱 发 放 / 设 备 交 接 单

EQUIPMENT INTERCHANGE RECEIPT　　No.

用箱人 / 运箱人（CONTAINER USER /HAULIER）		提箱地点（PLACE OF DELIVERY）	
百蝶远洋运输集装箱有限公司			
来自地点（WHERE FROM）		返回 / 收箱地点（PLACE OF RETURN）	
深圳			
船名 / 船次 （VESSEL/VOYAGE No.）	集装箱号 （CONTAINER No.）	尺寸 / 类型 （SIZE/TYPE）	营运人 （CNTR.OPTR.）
EX20180615	CCLU8604591	20	上海百蝶
提单号（B/L No.）　铅封号 （SEAL No.）	免费期限 （FREE TIME PERIOD）	运载工具牌号 （TPUCK,WAGON,BARGE No.）	
EN0218061000006	1 年	沪 A-0001	
出场目的 / 状态（PPS OF GATE-OUT/STATUS）	进场目的 / 状态（PPS OF GATE-IN/STATUS）	进场日期（TIME-IN）	
		5 月 25 日 14 时	

进场检查记录（INSPECTION AT THE TIME OF INTERCHANGE）

普通集装箱 （GP CONTAINER）	冷藏集装箱 （RF CONTAINER）	特种集装箱 （SPECIAL CONTAINER）	发电机 （GEN SET）
☐ 正常（SOUND） ☐ 异常（DEFECTIVE）	☐ 正常（SOUND） ☐ 异常（DEFECTIVE）	☐ 正常（SOUND） ☐ 异常（DEFECTIVE）	☐ 正常（SOUND） ☐ 异常（DEFECTIVE）

损坏记录及代号（DAMAGE & CODE）　　BR 破损（BROKEN）　　D 凹损（DENT）　　M 丢失（MISSING）　　DR 污箱（DIRTY）　　DL 危标（DG LABEL）

左侧（LEFT SIDE）　　右侧（RIGHT SIDE）　　前部（FRONT）　　集装箱内部（CONTAINER INSIDE）

顶部（TOP）　　底部（FLOOR BASE）　　箱门（REAR）　　如有异状，请注明程度及尺寸（REMARK）

除列明者外，集装箱及集装箱设备交接时完好无损，铅封完整无误。
THE CONTAINER/ASSOCIATED FQUIPMENT INTERCHANGED IN SOUND CONDITION AND SEAL INTACT UNLESS OTHERWISE STATED

用箱人 / 运箱人签署　　　　　　　　　港口 / 堆场值班员签署
（CONTAINER USER/HAULIER'S SIGNATURE）　（TERMINAL/DEPOT CLERK'S SIGNATURE）
_____　　　　　　　　　　_____

表 C-10 集装箱装箱单

CONTAINER LOAD PLAN 装箱单

Packer's Copy

Reefer Temperature Required 冷藏温度 ℃ ℉					⑤ 发货人/装箱人联 SHIPPER'S/PACKER'S DELARATIONS: We hereby declare that the container has been thoroughly clean without any evidence of cargoes of previous shipment prior to vanning and cargoes has been properly stuffed and secured.		
Class 等级	IMDG Page 危规页码	UN No. 联合国编码	Flashpoint 闪点				
Ship's Name/Voy No. 船名/航次 隆运/EX20180615				Port of Loading 装货港 上海	Port of Discharge 卸货港 深圳	Place of Delivery 交货地	
Container No. 箱号 CCLU8604591				Bill of Lading NO. 提单号 EN021806100006	Packages&Packing 件数与包装 50	Gross Weight 毛重 15t	Measurements 尺码 20	Description of Goods 货名 配件	Marks&Numbers 唛头

(Front 门 / Door 前 — 箱内示意图)

Con. Type. 箱类
GP= 普通箱 TK= 油罐箱
RF= 冷藏箱 PF= 平板箱
OT= 开顶箱 HC= 高箱
FR= 框架箱 HT= 挂衣箱

Seal No. 封号

Cont. Size 箱型
20'40'

ISO Code For Container Size/Type.
箱型/箱类 ISO 标准代码

Packer's Name/Address
装箱人名称/地址
Tel No.
电话号码

Packing Date 装箱日期	Received By 驾驶员签收及车号	Total Packages 总件数	Total Cargo Wt 总货重	Total Meas 总尺码	Remarks: 备注
Packed By: 装箱人签名	Reciebed By Terminals/Date of Receipt 港口收箱签收和收箱日期		Cont.Tare Wt 集装箱皮重	Cgo/Cont Total Wt 货/箱总重量	

注：表中信息以操作时的信息为准。

（三）出口堆场计划

进入 ITOS 系统检查出口箱进场信息，补全表 C-11 中的信息，为即将到达堆场的 5 个出口箱预先安排具体的位置。

注：本次船舶预安排在 1# 泊位，船舶停靠装卸时间较短，需要加快装船速度（安排在靠近 1# 泊位的出口箱区）。

表 C-11 出口箱进场信息

箱 号	船 名	船 期	进场要求	箱型/尺寸	备 注	卸货港	重量/t
CCLU8604591	隆运	6月15日	6月10日 10:00～6月11日 19:00	20GP		深圳	15
MSKU7215686	隆运	6月15日	6月10日 10:00～6月11日 19:00	40GP		新加坡	15
COSU9809810	隆运	6月15日	6月10日 17:00～6月11日 16:00	40GP		新加坡	20
COSU6808471	隆运	6月15日	6月10日 16:00～6月12日 5:00	40GP		新加坡	20
OOCU9744920	隆运	6月15日	6月10日 10:00～6月11日 16:00	40GP		朱拜勒	20

请为这 5 个集装箱在靠近 1# 泊位的出口箱区中安排具体的位置（计划到贝），写出安排的过程和依据。

靠近 1# 泊位的出口箱区位 1B 箱区，查看出口箱进场信息表，发现同一航次、同一重量、同一箱型的出口集装箱 COSU6808471 比 COSU9809810 早进场，因此根据先进先放、后进后放的原则进行堆码，可将其安排在同一贝位。其他集装箱可以根据堆放原则按贝堆放，即同一卸货港、同一重量的集装箱安排在同一贝位，具体安排见表 C-12。

表 C-12 出口箱进场箱位安排计划

箱 号	箱 型	卸货港	重 量	箱位范围
CCLU8604591	20GP	深圳	15t	1B 01 06>>01 1>>4
MSKU7215686	40GP	新加坡	15t	1B 04 06>>01 1>>4
COSU9809810	40GP	新加坡	20t	1B 06 06>>01 1>>4
COSU6808471	40GP	新加坡	20t	1B 06 06>>01 1>>4
OOCU9744920	40GP	朱拜勒	20t	1B 08 06>>01 1>>4

注：箱位范围并不唯一，箱位也不唯一。

（四）船舶预配积载计划

随着百蝶港货物进出口作业的不断运行，百蝶港集装箱港口堆场货物一直处于动态的变化当中，作为港口调度员，需要做好集装箱港口的货物堆场作业安排，保证货物进出口的顺利进行。同时，配载工作也非常关键，集装箱在船上的位置配置的合理与否直接影响装卸船作业的效率。配载计划如果没有做到位，不仅会增加龙门吊、岸桥的工作量，还会增加倒箱次数，从而增加翻船的风险。

根据"隆运"号轮船预配船图——字母图（部分），如图 C-7 所示（在这些贝位中存放的都是普通集装箱），以及堆场计划编制船舶实配图，如图 C-8 所示（由于船舶安排范围比较广，在此约束一下安排位置：20ft 集装箱安排在 01 贝位，40ft 集装箱安排在 04 贝位）。

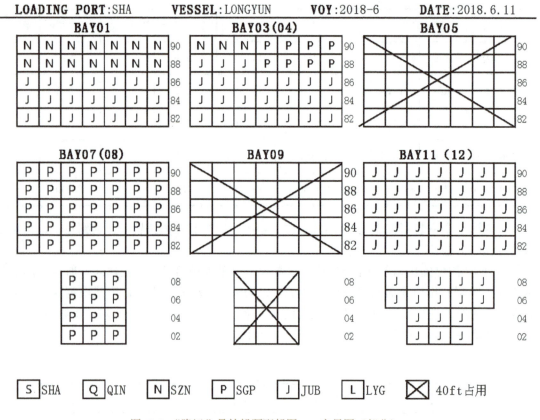

图 C-7 "隆运"号轮船预配船图——字母图（部分）

船舶最终积载图是船舶实际装载情况的结果，根据卸货港和"隆运"号轮船预配船图——字母图（部分），并考虑集装箱船舶的稳性、船舶受力、吃水差和强度等因素，故将集装箱实配安排如下（如图 C-8 所示）。根据题目要求，本次 20ft 集装箱配载在 01 贝，CCLU8604591 卸货港是深圳，根据字母图可安排在最上面两层。灰色框表示该贝位已被其他集装箱占用，只有最上面一层可堆放集装箱，根据船舶稳性和受力原则将 CCLU8604591 安排在中间的 010090 位置。

本次 40ft 集装箱配载在 04 贝，OOCU9744920 卸货港是朱拜勒，MSKU7215686、COSU9809810、COSU6808471 三个集装箱的卸货港都是新加坡，根据字母图和船舶稳性和受力原则将 4 个 40ft 集装箱安排如下（参考答案只提供 2 个集装箱的安排结果，另外 2 个 40ft 集装箱请自行安排）。

BAY01

010690	010490	010290	010090 CCLU8604591 20GP	010190	010390	010590
010688	010488	010288	010088	010188	010388	010588
010686	010486	010286	010086	010186	010386	010586
010684	010484	010284	010084	010184	010384	010584
010682	010482	010282	010082	010182	010382	010582

BAY03（04）

040690	040490	040290	040090	040190	040390	040590
040688	040488	040288 OOCU9744920 40GP	040088 COSU9809810 40GP	040188	040388	040588
040686	040486	040286	040086	040186	040386	040586
040684	040484	040284	040084	040184	040384	040584
040682	040482	040282	040082	040182	040382	040582

图 C-8　集装箱实配图

	BAY05						
050690	050490	050290	050090	050190	050390	050590
050688	050488	050288	050088	050188	050388	050588
050686	050486	050286	050086	050186	050386	050586
050684	050484	050284	050084	050184	050384	050584
050682	050482	050282	050082	050182	050382	050582

图 C-8　集装箱实配图（续）

四、港口作业组织管理计划

本次模拟集装箱港口业务运营，系统会模拟一天中某个时间段的集装箱港口的运作情景，其中需要处理的作业包括卸船、重箱进场等，根据以上设计结果，安排 6 月 10 日当天的作业计划。请按照时间顺序和作业的内容将集装箱港口作业中的工作内容编制成作业实施甘特图，体现作业组织管理的实施过程制定作业实施应急预案。

参考答案只提供部分作业进度实施计划和甘特图，其他请自行安排。

（一）作业进度实施计划

1. 作业进度实施计划（表 C-13）

表 C-13　作业进度实施计划表

作业	任务	开始时间	持续时间	完成时间
集装箱港口卸船作业	卸船信息处理	0	3	3
	取内集卡	3	1	4
	岸桥卸箱装车	4	5	9
	PDA 卸船确认	9	1	10
	内集卡送箱至堆场	10	4	14
	龙门吊卸箱至堆场	14	4	18
	归还内集卡	18	1	19

（续）

作　业	任　务	开始时间	持续时间	完成时间
集装箱港口重箱进场作业	重箱进场信息处理	19	1	20
	取外集卡	20	2	22
	进闸作业	22	2	24
	外集卡送箱至堆场	24	4	28
	龙门吊卸箱至堆场	28	4	32
	出闸作业	32	2	34
	归还外集卡	34	2	36

2. 作业实施甘特图（图 C-9）

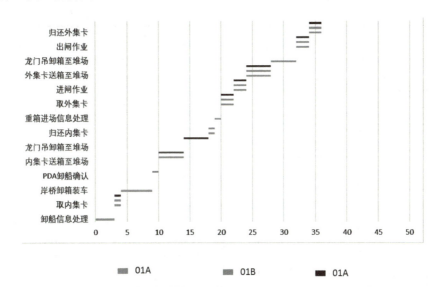

图 C-9　作业实施甘特图

（二）作业实施应急预案（表 C-14）

表 C-14　作业实施应急预案

序　号	发现的问题	应急预案
1	船舶离港时间与计划不符	及时发现，马上调整
2	泊位位置安排与计划不符	及时发现，马上调整
3	岸桥分配有误	及时发现，马上调整
4	龙门吊分配有误	及时发现，马上调整
5	集卡分配有误	及时发现，马上调整
6	进口堆场安排有误	及时发现，马上调整
7	岸桥装卸集装箱有误	及时发现，马上调整
8	龙门吊装卸集装箱有误	及时发现，马上调整
9	堆场位置与实际不符	及时发现，马上调整
10	集装箱位置与实际不符	及时发现，马上调整

附录 D 箱区规划信息

百蝶港拥有 4 个泊位，泊位后方有对应的箱区。其中，1# 泊位对应 1A～1P 箱区，2# 泊位对应 2A～2P 箱区，3# 泊位对应 3A～3P 箱区，4# 泊位对应 4A～4P 箱区。各个箱区的具体规划见表 D-1。

表 D-1 箱区规划表

箱 区	类 型	箱 区	类 型	箱 区	类 型	箱 区	类 型
1A	出口	2A	出口	3A	出口	4A	出口
1B	出口	2B	出口	3B	出口	4B	出口
1C	进口	2C	进口	3C	进口	4C	进口
1D	中转	2D	中转	3D	中转	4D	中转
1E	出口	2E	出口	3E	出口	4E	出口
1F	出口	2F	出口	3F	出口	4F	出口
1G	出口	2G	出口	3G	出口	4G	出口
1H	出口	2H	出口	3H	出口	4H	出口
1I	进口	2I	进口	3I	进口	4I	进口
1J	进口	2J	进口	3J	进口	4J	进口
1K	进口	2K	进口	3K	进口	4K	进口
1L	空箱区	2L	空箱区	3L	空箱区	4L	空箱区
1M	危险品	2M	冷藏	3M	冷藏	4M	危险品
1N	危险品	2N	冷藏	3N	冷藏	4N	危险品
1O	缓冲区	2O	缓冲区	3O	缓冲区	4O	缓冲区
1P	缓冲区	2P	缓冲区	3P	缓冲区	4P	缓冲区

附录 E　轮船预配船图——字母图（部分）船图

项目一子项目五　预配船图——字母图（部分，见图 E-1）（教师演示）

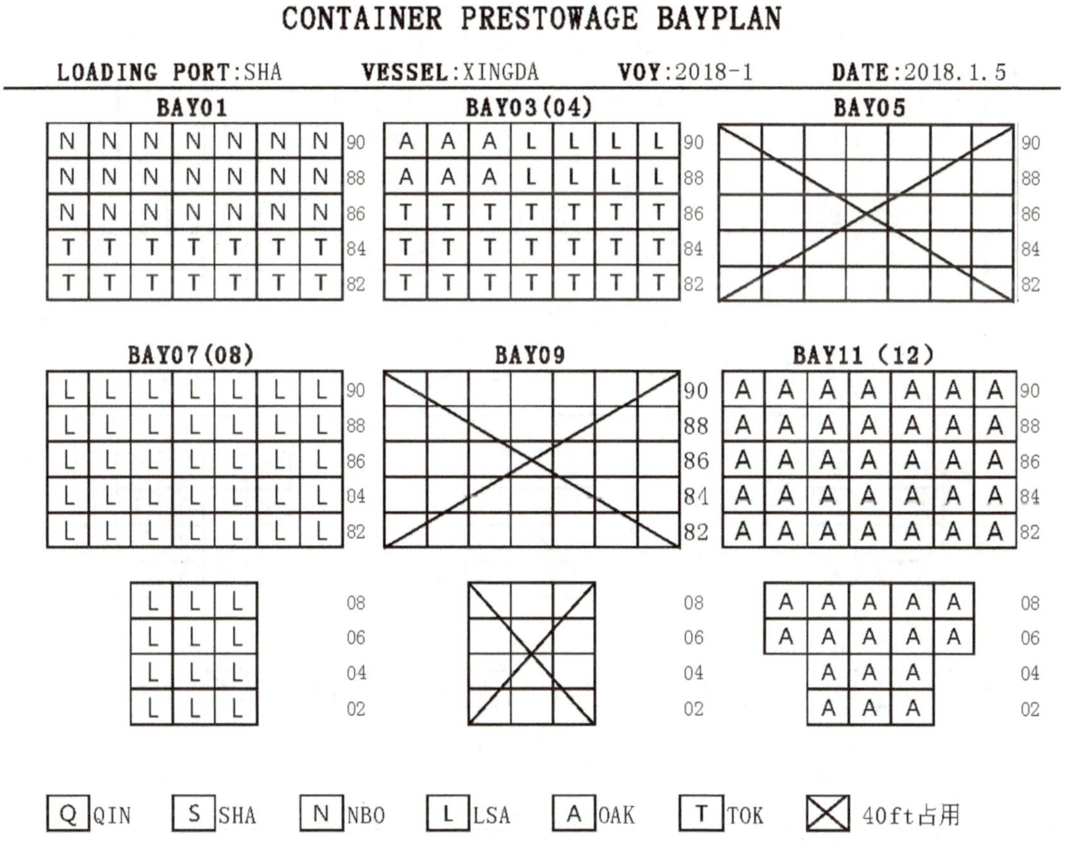

CONTAINER PRESTOWAGE BAYPLAN

LOADING PORT: SHA　　**VESSEL:** XINGDA　　**VOY:** 2018-1　　**DATE:** 2018.1.5

BAY01

N	N	N	N	N	N	90
N	N	N	N	N	N	88
N	N	N	N	N	N	86
T	T	T	T	T	T	84
T	T	T	T	T	T	82

BAY03（04）

A	A	A	L	L	L	90
A	A	A	L	L	L	88
T	T	T	T	T	T	86
T	T	T	T	T	T	84
T	T	T	T	T	T	82

BAY05（整格打叉，40ft占用）

BAY07（08）

L	L	L	L	L	L	90
L	L	L	L	L	L	88
L	L	L	L	L	L	86
L	L	L	L	L	L	04
L	L	L	L	L	L	82

BAY09（整格打叉）

BAY11（12）

A	A	A	A	A	A	90
A	A	A	A	A	A	88
A	A	A	A	A	A	86
A	A	A	A	A	A	84
A	A	A	A	A	A	82

甲板上（BAY07/08下方）：

L	L	L		08
L	L	L		06
L	L	L		04
L	L	L		02

甲板上（BAY09下方，打叉）：08、06、04、02

甲板上（BAY11/12下方）：

A	A	A	A	08
A	A	A	A	06
A	A	A		04
A	A	A		02

图例：　Q QIN　　S SHA　　N NBO　　L LSA　　A OAK　　T TOK　　⊠ 40ft 占用

图 E-1　"兴达"号轮船预配船图——字母图（部分）

港　口	青岛	上海	宁波	洛杉矶	奥克兰	东京	名古屋
代　码	QIN	SHA	NBO	LSA	OAK	TOK	NAG

项目一子项目五 预配船图——字母图（部分，见图E-2）
（模拟训练）

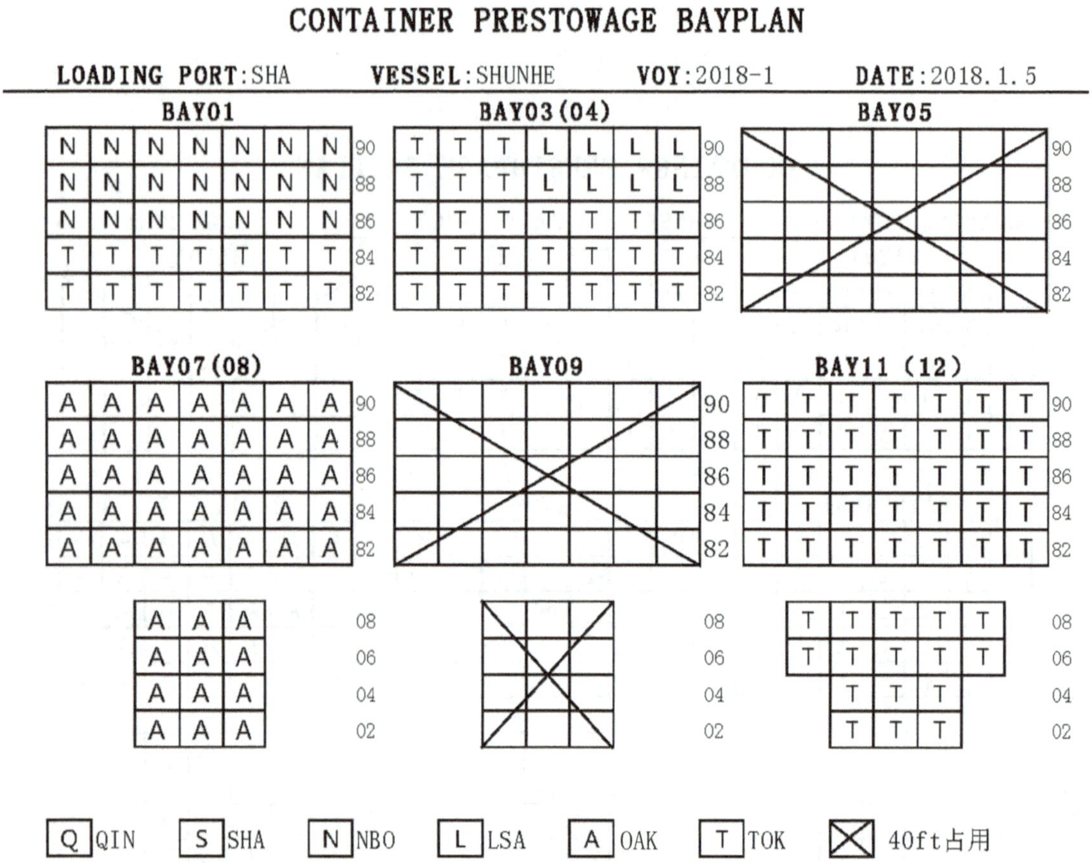

CONTAINER PRESTOWAGE BAYPLAN

LOADING PORT: SHA   VESSEL: SHUNHE   VOY: 2018-1   DATE: 2018.1.5

图 E-2 "顺河"号轮船预配船图——字母图（部分）

港　口	青岛	上海	宁波	洛杉矶	奥克兰	东京	名古屋
代　码	QIN	SHA	NBO	LSA	OAK	TOK	NAG

项目一予项目五　预配船图——字母图（部分，见图 E-3）
（强化训练）

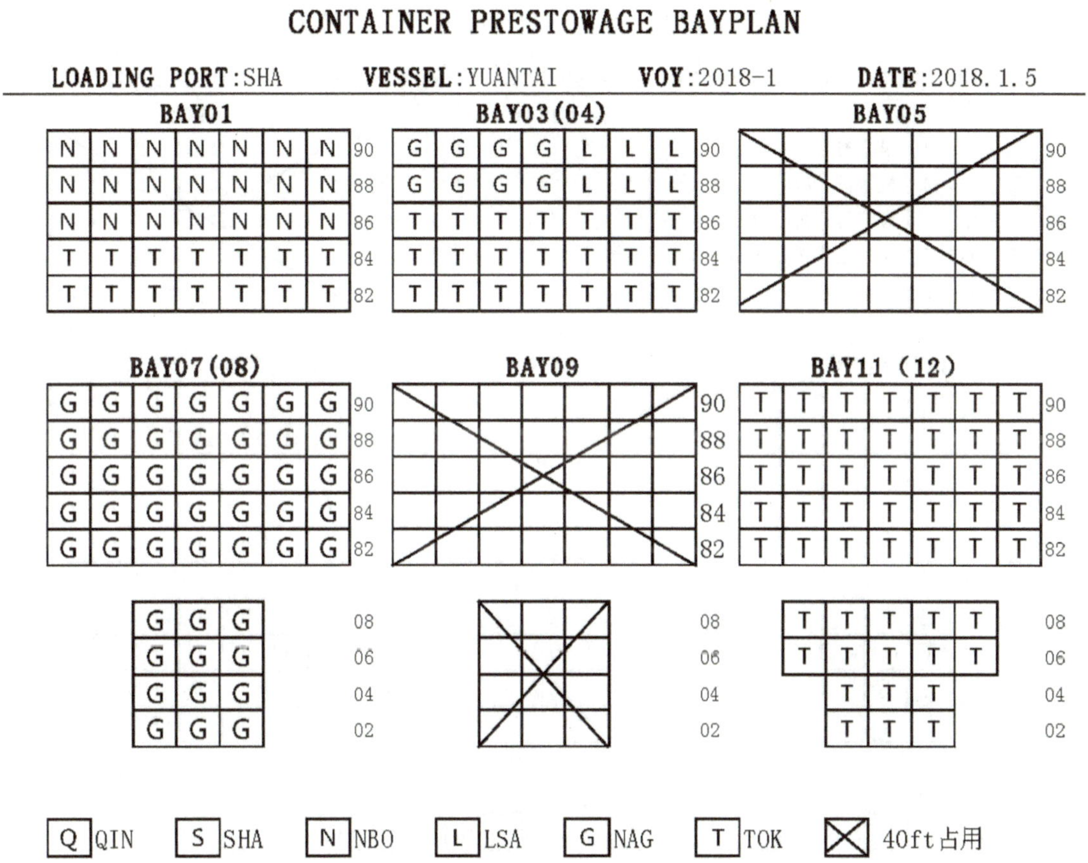

CONTAINER PRESTOWAGE BAYPLAN

LOADING PORT：SHA　　VESSEL：YUANTAI　　VOY：2018-1　　DATE：2018.1.5

图 E-3 "远泰"号轮船预配船图——字母图（部分）

港　口	青岛	上海	宁波	洛杉矶	奥克兰	东京	名古屋
代　码	QIN	SHA	NBO	LSA	OAK	TOK	NAG

项目二子项目七　预配船图——字母图（部分，见图 E-4）
（教师演示）

CONTAINER PRESTOWAGE BAYPLAN

LOADING PORT: SHA　　VESSEL: DONGSHENG　　VOY: 2018-4　　DATE: 2018.4.10

BAY01
N	N	N	N	N	N	90
N	N	N	N	N	N	88
N	N	N	N	N	N	86
T	T	T	T	T	T	84
T	T	T	T	T	T	82

BAY03(04)
A	A	A	A	L	L	L	90
A	A	A	A	L	L	L	88
T	T	T	T	T	T	T	86
T	T	T	T	T	T	T	84
T	T	T	T	T	T	T	82

BAY05 （40ft占用）

BAY07(08)
L	L	L	L	L	L	90
L	L	L	L	L	L	88
L	L	L	L	L	L	86
L	L	L	L	L	L	84
L	L	L	L	L	L	82

BAY09 （40ft占用）

BAY11(12)
T	T	T	T	T	T	90
T	T	T	T	T	T	88
T	T	T	T	T	T	86
T	T	T	T	T	T	84
T	T	T	T	T	T	82

BAY07(08) 甲板
L	L	L		08
L	L	L		06
L	L	L		04
L	L	L		02

BAY09 甲板（40ft占用）

BAY11(12) 甲板
T	T	T	T	08
T	T	T	T	06
T	T	T	T	04
T	T	T		02

Q QIN　　S SHA　　N NBO　　L LSA　　A OAK　　T TOK　　⊠ 40ft占用

图 E-4　"东盛"号轮船预配船图——字母图（部分）

港　口	青岛	上海	宁波	洛杉矶	奥克兰	东京	名古屋
代　码	QIN	SHA	NBO	LSA	OAK	TOK	NAG

项目二子项目七　预配船图——字母图（部分，见图 E-5）
（模拟训练）

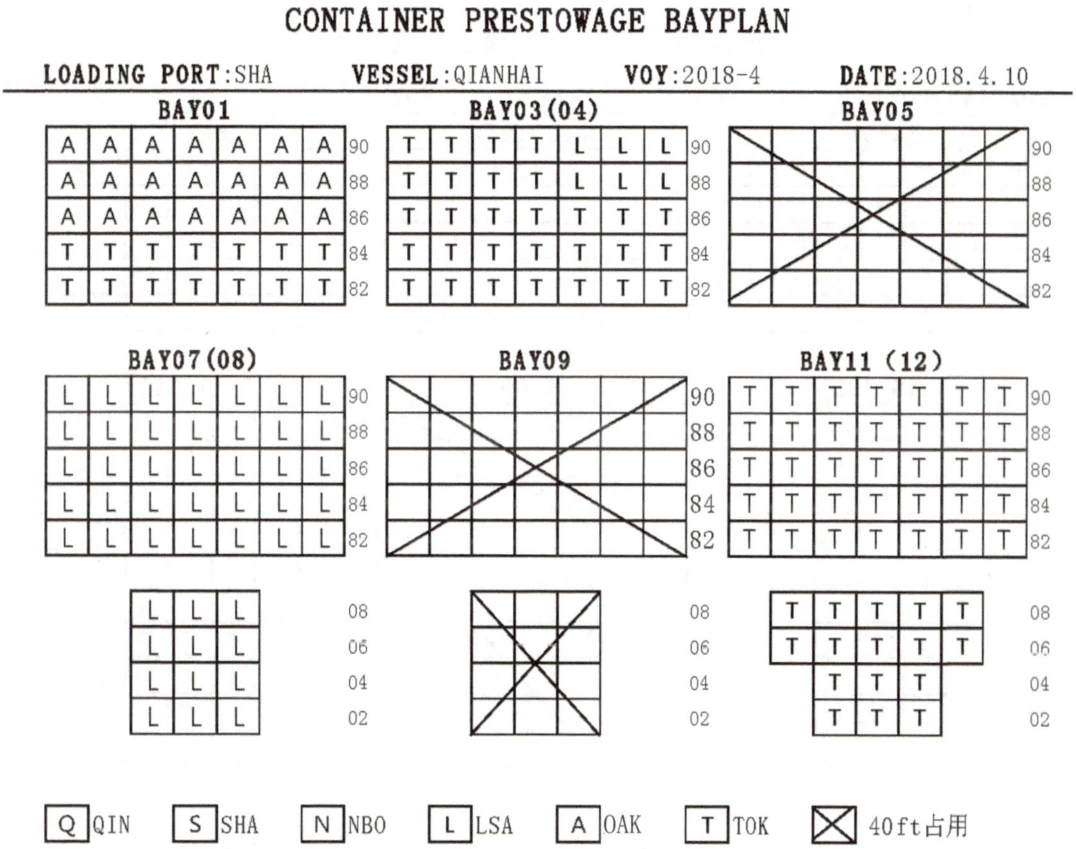

CONTAINER PRESTOWAGE BAYPLAN

LOADING PORT:SHA　　**VESSEL**:QIANHAI　　**VOY**:2018-4　　**DATE**:2018.4.10

BAY01

A	A	A	A	A	A	A	90
A	A	A	A	A	A	A	88
A	A	A	A	A	A	A	86
T	T	T	T	T	T	T	84
T	T	T	T	T	T	T	82

BAY03（04）

| T | T | T | T | L | L | L | 90
| T | T | T | T | L | L | L | 88
| T | T | T | T | T | T | T | 86
| T | T | T | T | T | T | T | 84
| T | T | T | T | T | T | T | 82

BAY05

（整格打叉，表示 40ft 占用）90/88/86/84/82

BAY07（08）

| L | L | L | L | L | L | L | 90
| L | L | L | L | L | L | L | 88
| L | L | L | L | L | L | L | 86
| L | L | L | L | L | L | L | 84
| L | L | L | L | L | L | L | 82

BAY09

（整格打叉，表示 40ft 占用）90/88/86/84/82

BAY11（12）

| T | T | T | T | T | T | T | 90
| T | T | T | T | T | T | T | 88
| T | T | T | T | T | T | T | 86
| T | T | T | T | T | T | T | 84
| T | T | T | T | T | T | T | 82

下层：

BAY07(08)：
L	L		08
L	L		06
L	L		04
L	L		02

BAY09：（打叉，40ft 占用）08/06/04/02

BAY11(12)：
T	T	T	T	08
T	T	T	T	06
		T	T	04
		T	T	02

图例：Q QIN　S SHA　N NBO　L LSA　A OAK　T TOK　☒ 40ft 占用

图 E-5 "钱海"号轮船预配船图——字母图（部分）

港　口	青岛	上海	宁波	洛杉矶	奥克兰	东京	名古屋
代　码	QIN	SHA	NBO	LSA	OAK	TOK	NAG

项目二子项目七　预配船图——字母图（部分，见图E-6）（强化训练）

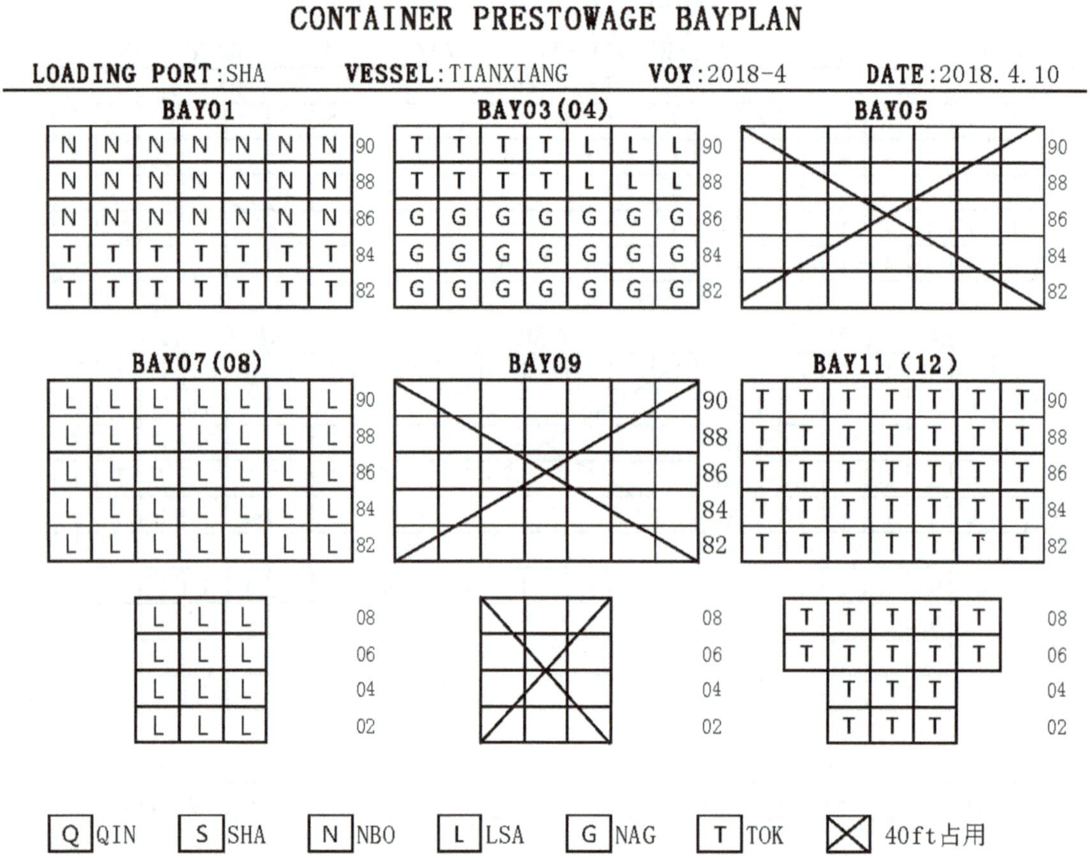

图E-6　"天祥"号轮船预配船图——字母图（部分）

港　口	青岛	上海	宁波	洛杉矶	奥克兰	东京	名古屋
代　码	QIN	SHA	NBO	LSA	OAK	TOK	NAG

项目三子项目八　预配船图——字母图（部分，见图 E-7）
（教师演示）

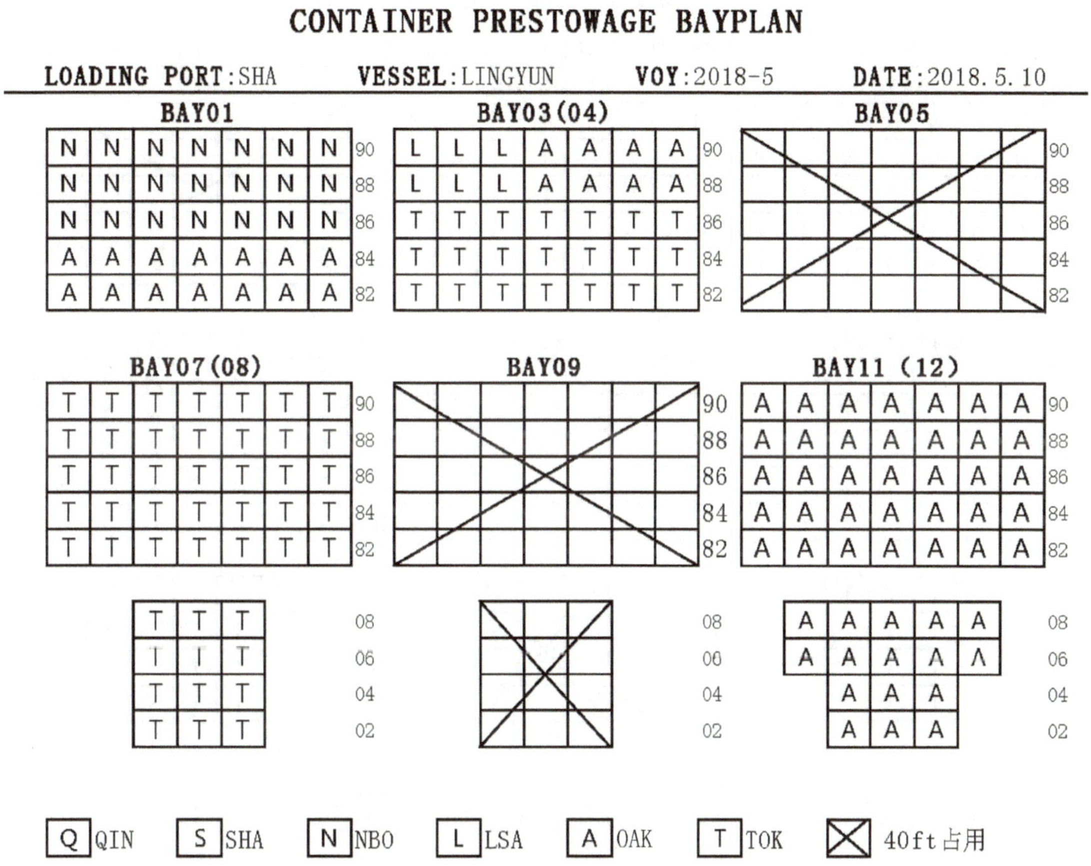

CONTAINER PRESTOWAGE BAYPLAN

LOADING PORT：SHA　　VESSEL：LINGYUN　　VOY：2018-5　　DATE：2018.5.10

BAY01

N	N	N	N	N	N	90
N	N	N	N	N	N	88
N	N	N	N	N	N	86
A	A	A	A	A	A	84
A	A	A	A	A	A	82

BAY03(04)

L	L	L	A	A	A	90
L	L	L	A	A	A	88
T	T	T	T	T	T	86
T	T	T	T	T	T	84
T	T	T	T	T	T	82

BAY05 （整格打叉）

BAY07(08)

T	T	T	T	T	T	90
T	T	T	T	T	T	88
T	T	T	T	T	T	86
T	T	T	T	T	T	84
T	T	T	T	T	T	82

BAY09 （整格打叉）

BAY11(12)

A	A	A	A	A	A	90
A	A	A	A	A	A	88
A	A	A	A	A	A	86
A	A	A	A	A	A	84
A	A	A	A	A	A	82

T	T	T		08
T		T		06
T	T	T		04
T	T	T		02

（打叉）08/06/04/02

A	A	A	A	08
A	A	A	A	06
A	A	A		04
A	A	A		02

图例：Q QIN　S SHA　N NBO　L LSA　A OAK　T TOK　⊠ 40ft 占用

图 E-7　"凌云"号轮船预配船图——字母图（部分）

港口	连云港	青岛	上海	深圳	新加坡	朱拜勒	巴生港
代码	LYG	QIN	SHA	SZN	SGP	JUB	PKE

项目三子项目八　预配船图——字母图（部分，见图E-8）
（模拟训练）

CONTAINER PRESTOWAGE BAYPLAN

LOADING PORT: SHA　　VESSEL: FUQIANG　　VOY: 2018-5　　DATE: 2018.5.10

BAY01	BAY03(04)	BAY05
N N N N N N (90) N N N N N N (88) A A A A T T (86) A A A A T T (84) A A A A T T (82)	L L L L A A (90) L L L L A A (88) A A A A A A (86) A A A A A A (84) A A A A A A (82)	（×）(90-82)

BAY07(08)	BAY09	BAY11(12)
T T T T T T (90) T T T T T T (88) T T T T T T (86) T T T T T T (84) T T T T T T (82)	（×）(90-82)	A A A A A A (90) A A A A A A (88) A A A A A A (86) A A A A A A (84) A A A A A A (82)

T T T (08) T T T (06) T T T (04) T T T (02)	（×）(08-02)	T T T T (08) T T T T (06) T T (04) T T T (02)

图例：[Q] QIN　　[S] SHA　　[N] NBO　　[L] LSA　　[A] OAK　　[T] TOK　　[⊠] 40ft占用

图E-8　"富强"号轮船预配船图——字母图（部分）

港口	连云港	青岛	上海	深圳	新加坡	朱拜勒	巴生港
代码	LYG	QIN	SHA	SZN	SGP	JUB	PKE

项目三子项目八　预配船图——字母图（部分，见图 E-9）
（强化训练）

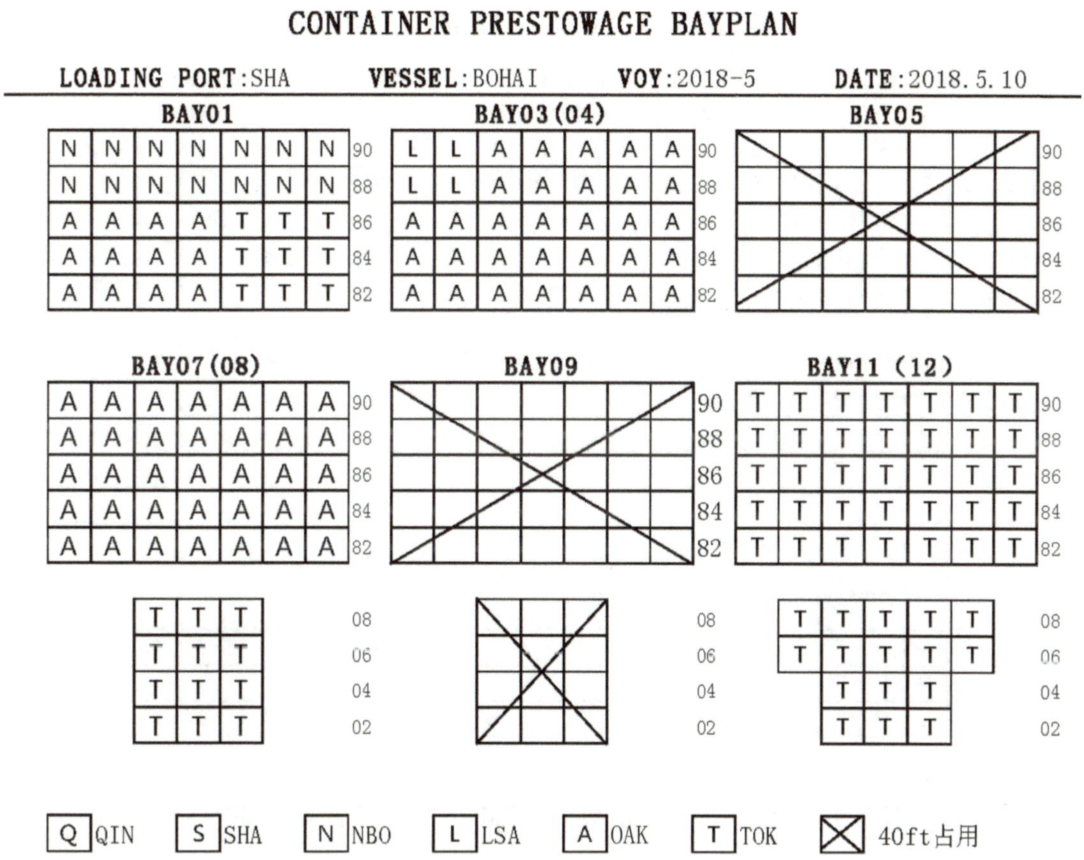

CONTAINER PRESTOWAGE BAYPLAN

LOADING PORT: SHA　　VESSEL: BOHAI　　VOY: 2018-5　　DATE: 2018.5.10

BAY01

N	N	N	N	N	N	90
N	N	N	N	N	N	88
A	A	A	T	T	T	86
A	A	A	T	T	T	84
A	A	A	T	T	T	82

BAY03(04)

L	L	A	A	A	A	90
L	L	A	A	A	A	88
A	A	A	A	A	A	86
A	A	A	A	A	A	84
A	A	A	A	A	A	82

BAY05

（整格交叉，40ft占用）90/88/86/84/82

BAY07(08)

A	A	A	A	A	A	90
A	A	A	A	A	A	88
A	A	A	A	A	A	86
A	A	A	A	A	A	84
A	A	A	A	A	A	82

BAY09

（整格交叉，40ft占用）90/88/86/84/82

BAY11(12)

T	T	T	T	T	T	90
T	T	T	T	T	T	88
T	T	T	T	T	T	86
T	T	T	T	T	T	84
T	T	T	T	T	T	82

下层：

BAY07(08)下层：
T	T	T	08
T	T	T	06
T	T	T	04
T	T	T	02

BAY09 下层：（交叉，40ft占用）08/06/04/02

BAY11(12) 下层：
T	T	T	T	08
T	T	T	T	06
	T	T	T	04
	T	T	T	02

图例：□ Q QIN　□ S SHA　□ N NBO　□ L LSA　□ A OAK　□ T TOK　☒ 40ft占用

图 E-9　"渤海"号轮船预配船图——字母图（部分）

港　口	连云港	青岛	上海	深圳	新加坡	朱拜勒	巴生港
代　码	LYG	QIN	SHA	SZN	SGP	JUB	PKE

项目三子项目九　预配船图——字母图（部分，见图 E-10）
（教师演示）

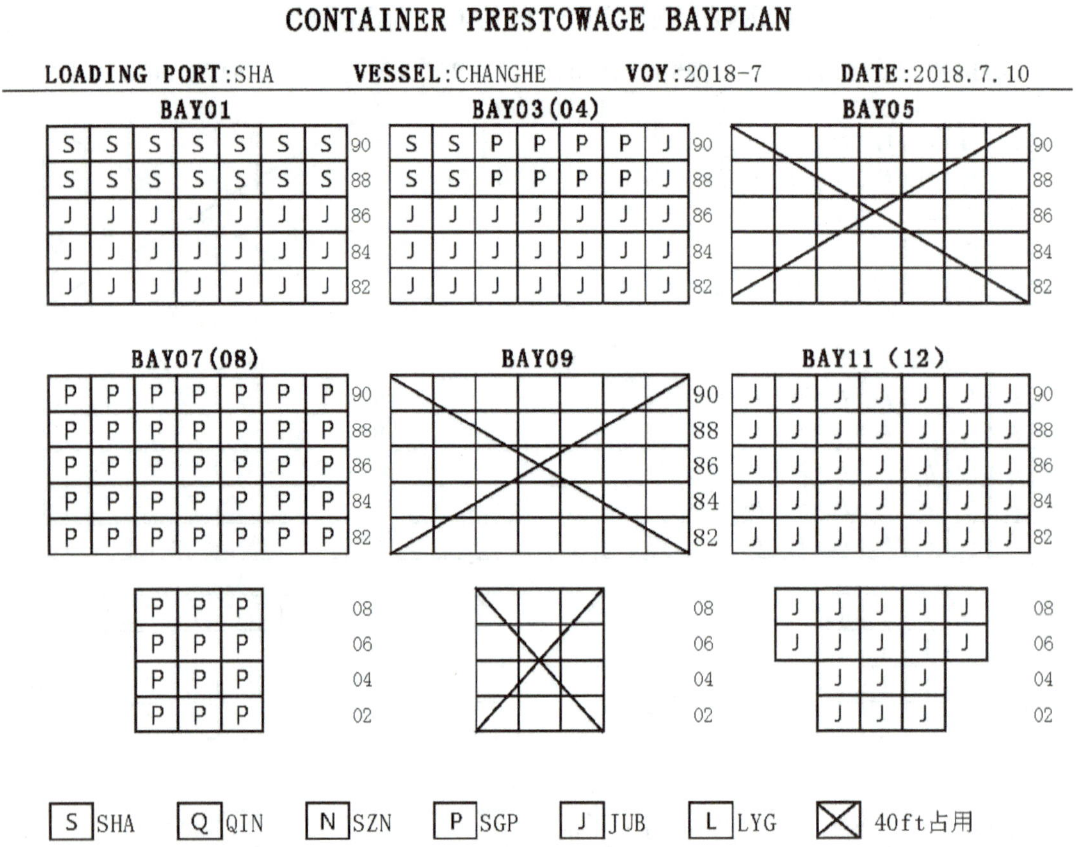

CONTAINER PRESTOWAGE BAYPLAN

LOADING PORT: SHA　　VESSEL: CHANGHE　　VOY: 2018-7　　DATE: 2018.7.10

（BAY01、BAY03(04)、BAY05、BAY07(08)、BAY09、BAY11(12) 配载图）

图例：S SHA　Q QIN　N SZN　P SGP　J JUB　L LYG　⊠ 40ft 占用

图 E-10　"长河"号轮船预配船图——字母图（部分）

港口	连云港	青岛	上海	深圳	新加坡	朱拜勒	巴生港
代码	LYG	QIN	SHA	SZN	SGP	JUB	PKE

项目三子项目九 预配船图——字母图（部分，见图 E-11）
（模拟训练）

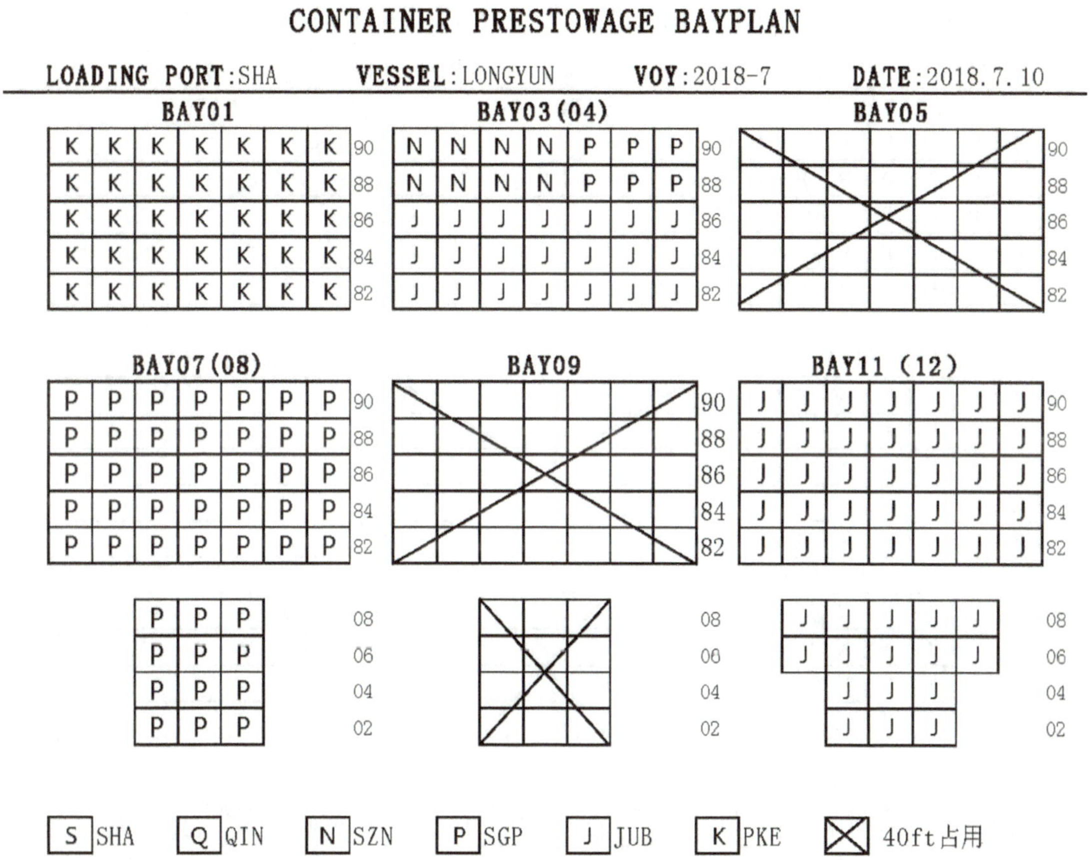

CONTAINER PRESTOWAGE BAYPLAN

LOADING PORT: SHA   VESSEL: LONGYUN   VOY: 2018-7   DATE: 2018.7.10

BAY01

K	K	K	K	K	90
K	K	K	K	K	88
K	K	K	K	K	86
K	K	K	K	K	84
K	K	K	K	K	82

BAY03（04）

N	N	N	P	P	90
N	N	N	P	P	88
J	J	J	J	J	86
J	J	J	J	J	84
J	J	J	J	J	82

BAY05 （40ft占用）

BAY07（08）

P	P	P	P	P	90
P	P	P	P	P	88
P	P	P	P	P	86
P	P	P	P	P	84
P	P	P	P	P	82

BAY09 （40ft占用）

BAY11（12）

J	J	J	J	J	90
J	J	J	J	J	88
J	J	J	J	J	86
J	J	J	J	J	84
J	J	J	J	J	82

P	P	P		08
P	P	P		06
P	P	P		04
P	P			02

（40ft占用）08/06/04/02

J	J	J	J	08
J	J	J	J	06
J	J	J		04
J	J	J		02

S SHA   Q QIN   N SZN   P SGP   J JUB   K PKE   ⊠ 40ft占用

图 E-11 "隆运"号轮船预配船图——字母图（部分）

港 口	连云港	青岛	上海	深圳	新加坡	朱拜勒	巴生港
代 码	LYG	QIN	SHA	SZN	SGP	JUB	PKE

项目三子项目九 预配船图——字母图（部分，见图 E-12）
（强化训练）

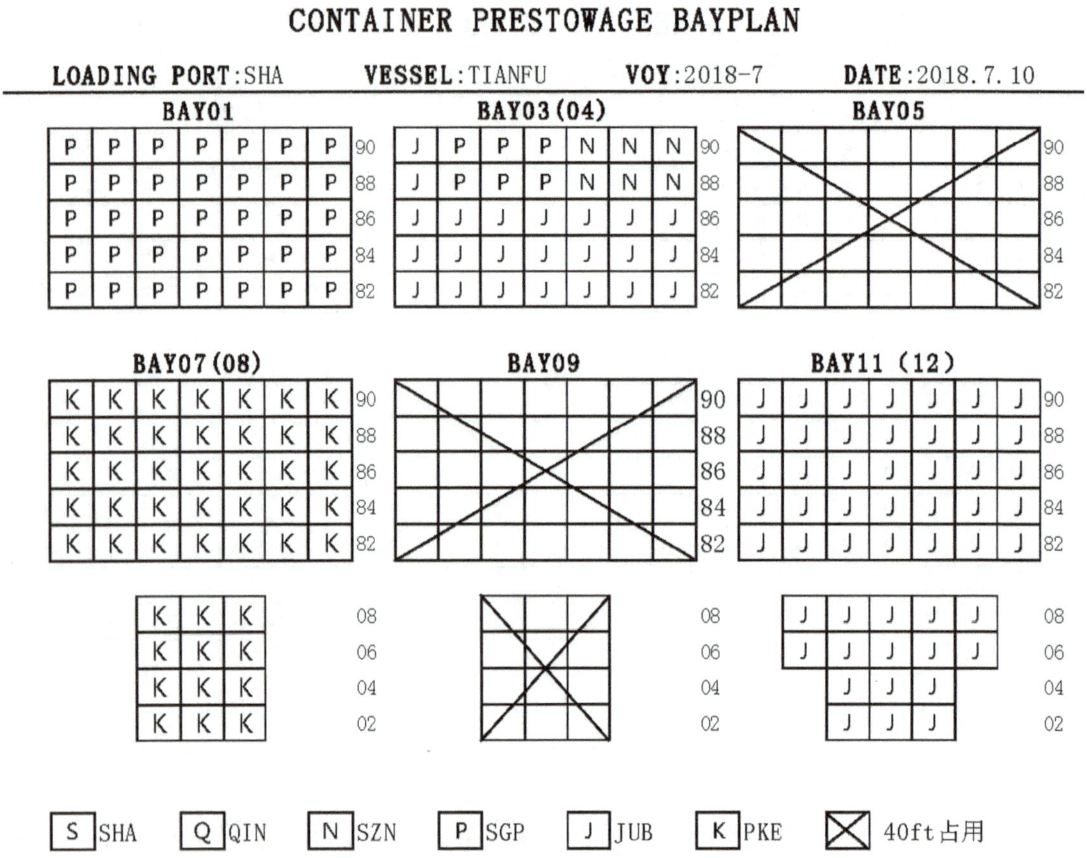

CONTAINER PRESTOWAGE BAYPLAN

LOADING PORT: SHA   VESSEL: TIANFU   VOY: 2018-7   DATE: 2018.7.10

| S | SHA | Q | QIN | N | SZN | P | SGP | J | JUB | K | PKE | ⊠ 40ft 占用 |

图 E-12 "天福"号轮船预配船图——字母图（部分）

港口	连云港	青岛	上海	深圳	新加坡	朱拜勒	巴生港
代码	LYG	QIN	SHA	SZN	SGP	JUB	PKE

附录 F 设备交接单和装箱单模板

表 F-1 设备交接单

百蝶远洋运输集装箱有限公司　　　　　　　**IN 进场**

集 装 箱 发 放 / 设 备 交 接 单

EQUIPMENT INTERCHANGE RECEIPT　　No.

用箱人 / 运箱人 (CONTAINER USER /HAULIER)	提箱地点 (PLACE OF DELIVERY)		
来自地点 (WHERE FROM)	返回 / 收箱地点 (PLACE OF RETURN)		
船名 / 船次 (VESSEL/VOYAGE No.)	集装箱号 (CONTAINER No.)	尺寸 / 类型 (SIZE/TYPE)	营运人 (CNTR.OPTR.)
提单号 (B/L No.)	铅封号 (SEAL No.)	免费期限 (FREE TIME PERIOD)	运载工具牌号 (TPUCK,WAGON,BARGE No.)
出场目的 / 状态 (PPS OF GATE-OUT/STATUS)	进场目的 / 状态 (PPS OF GATE-IN/STATUS)		进场日期 (TIME-IN) 月 日 时

进场检查记录 (INSPECTION AT THE TIME OF INTERCHANGE)

普通集装箱 (GP CONTAINER)	冷藏集装箱 (RF CONTAINER)	特种集装箱 (SPECIAL CONTAINER)	发电机 (GEN SET)
□ 正常 (SOUND) □ 异常 (DEFECTIVE)	□ 正常 (SOUND) □ 异常 (DEFECTIVE)	□ 正常 (SOUND) □ 异常 (DEFECTIVE)	□ 正常 (SOUND) □ 异常 (DEFECTIVE)

损坏记录及代号 (DAMAGE & CODE)　　BR 破损 (BROKEN)　　D 凹损 (DENT)　　M 丢失 (MISSING)　　DR 污箱 (DIRTY)　　DL 危标 (DG LABEL)

左侧（LEFT SIDE）　　右侧（RIGHT SIDE）　　前部（FRONT）　　集装箱内部（CONTAINER INSIDE）

顶部（TOP）　　底部（FLOOR BASE）　　箱门（REAR）

如有异状，请注明程度及尺寸（REMARK）

除列明者外，集装箱及集装箱设备交接时完好无损，铅封完整无误。
THE CONTAINER/ASSOCIATED EQUIPMENT INTERCHANGED IN SOUND CONDITION AND SEAL INTACT UNLESS OTHERWISE STATED

用箱人 / 运箱人签署　　　　　　　　港口 / 堆场值班员签署
（CONTAINER USER/HAULIER'S SIGNATURE）　　　（TERMINAL/DEPOT CLERK'S SIGNATURE）

_____　　　　　　　_____

表 F-2 装箱单

CONTAINER LOAD PLAN
装箱单

Packer's Copy
发货人 / 装箱人　联

Class 等级	IMDG Page 危规页码	UN No. 联合国编码	Flashpoint 闪点	Reefer-Temperature Required 冷藏温度 ℃　℉		
Ship's Name/Voy No. 船名 / 航次				Port of Loading 装货港	Port of Discharge 卸货港	Place of Delivery 交货地
Container No. 箱号				Bill of Lading NO. 提单号	Packages&Packing 件数与包装	Gross Weight 毛重
Seal No. 封号				Front 前		SHIPPER'S/PACKER'S DELARATION'S: We hereby declare that the container has been thoroughly clean without any evidence of cargoes of previous shipment prior to vanning and cargoes has been properly stuffed and secured
Cont. Size 箱型 20'　40'	Con.Type. 箱类 GP=普通箱 TK=油罐箱 RF=冷藏箱 PF=平板箱 OT=开顶箱 HC=高箱 FR=框架箱 HT=挂衣箱			Door 门		⑤
ISO Code For Container Size/Type. 箱型 / 箱类 ISO 标准代码					Measurements 尺码	Description of Goods 货名	Marks&Numbers 唛头
Packer's Name/Address 装箱人名称 / 地址 Tel No. 电话号码							
Packing Date 装箱日期				Received By 驾驶员签收及车号	Total Packages 总件数	Total Cargo Wt 总货重	Total Meas. 总尺码
Packed By: 装箱人签名				Receibed By Terminals/Date of Receipt 港口收箱签收和收箱日期		Cont. Tare Wt 集装箱皮重	Cgo/Cont Total Wt 货 / 箱总重量

Remarks: 备注

参 考 文 献

[1] 任斐. 集装箱运输业务 [M]. 北京：清华大学出版社，2013.
[2] 王进. 集装箱运输实务 [M]. 大连：东北财经大学出版社，2012.
[3] 王岩. 集装箱码头业务操作 [M]. 北京：机械工业出版社，2015.
[4] 嵇莉莉. 集装箱运输管理 [M]. 北京：国防工业出版社，2013.
[5] 赵宁，徐子奇，宓为建. 集装箱码头数字化营运管理 [M]. 上海：上海科学技术出版社，2014.
[6] 张卓. 项目管理 [M]. 2 版. 北京：科学出版社，2009.